Naviguer dans le Deuil : Comprendre et Surmonter le Chagrin

Introduction :
1. Présentation de l'auteur et de son expertise en matière de deuil et de chagrin.
2. L'importance de comprendre et de gérer le deuil dans la vie quotidienne.
3. Objectifs du livre : fournir des conseils pratiques pour faire face au deuil et au chagrin.

Partie 1 : Comprendre le Deuil

Chapitre 1 : Les Fondements du Deuil
1.1 Définition du deuil et du chagrin.
1.2 Les différentes formes de deuil : deuil anticipé, deuil soudain, deuil compliqué.
1.3 Les émotions du deuil : tristesse, colère, culpabilité, etc.
1.4 L'importance du deuil pour le processus de guérison.

Chapitre 2 : Les Étapes du Deuil
2.1 La théorie des étapes du deuil d'Elisabeth Kubler-Ross.
2.2 Les critiques et les variations de cette théorie.
2.3 Le modèle en spirale du deuil.
2.4 L'expérience individuelle du deuil.

Partie 2 : Gérer le Deuil

Chapitre 3 : Le Soutien Social et Émotionnel
3.1 L'importance du soutien social pendant le deuil.
3.2 Comment demander et accepter de l'aide.
3.3 Les erreurs courantes à éviter dans le soutien aux personnes en deuil.

Chapitre 4 : La Communication en Deuil
4.1 Les défis de la communication en deuil.
4.2 La communication avec les enfants en deuil.
4.3 L'importance de l'écoute active et de l'empathie.

Chapitre 5 : L'Auto-Soins en Deuil
5.1 Prendre soin de soi physiquement, émotionnellement et mentalement.
5.2 L'importance du deuil autorisé et des moments de répit.
5.3 Les stratégies pour faire face au stress et à l'anxiété.

Partie 3 : Progresser Après le Deuil
Chapitre 6 : Trouver un Sens au Deuil
6.1 Réflexion sur la signification du deuil.
6.2 La possibilité de croissance personnelle après le deuil.
6.3 Les rites et les rituels en deuil.

Chapitre 7 : Le Chemin vers la Reconstruction
7.1 Faire face aux transitions et aux changements de rôle.
7.2 La reconstruction des relations et de la vie quotidienne.

7.3 La prévention du deuil compliqué.

Chapitre 8 : L'Héritage du Deuil
8.1 Comment honorer et perpétuer la mémoire de la personne décédée.
8.2 L'impact du deuil sur la perspective de la vie.
8.3 L'aide potentielle que l'on peut apporter aux autres en deuil.

Conclusion :
9. Récapitulation des points clés du livre.
10. Message d'espoir et d'encouragement pour ceux qui font face au deuil.
11. Ressources et références pour aller plus loin.

Préface

Le livre que vous tenez entre les mains n'est pas seulement un ouvrage rempli de mots et de pages, mais une bouée de sauvetage jetée dans le tumulte des émotions qui suivent la perte d'un être cher. Je suis Honorine, et il y a trois ans, ma vie a été bouleversée de la manière la plus inattendue et la plus douloureuse qui soit. Mon mari, Luc, est décédé subitement, laissant derrière lui un vide immense et des questions sans réponse.

Ce jour-là, je me suis sentie perdue, submergée par un tourbillon d'émotions que je ne pouvais ni comprendre ni contrôler. La tristesse m'a envahie, la colère m'a dévorée, et la culpabilité m'a rongée. Le chagrin était comme une mer agitée, me balançant d'un côté à l'autre, menaçant de me submerger à tout moment.

C'est dans ces moments sombres que j'ai réalisé que je ne pouvais pas faire face à cette tempête toute seule. C'est alors que j'ai eu la chance de rencontrer le Dr. Jean-Michel Lambert, le psychologue dont le nom apparaît en couverture de ce livre. En tant qu'expert en gestion du deuil, il m'a tendu la main, m'aidant à naviguer dans les eaux tumultueuses du chagrin.

Le Dr. Lambert m'a guidée à travers les étapes difficiles du deuil, m'a appris à exprimer mes émotions, à trouver du soutien dans mon entourage, et à prendre soin de moi-même. Son expertise et son empathie ont été des phares dans l'obscurité, m'aidant à trouver un sens à cette tragédie et à commencer le long voyage de la reconstruction.

En lisant ce livre, vous entrez dans l'univers du Dr. Lambert, un guide bienveillant qui vous accompagnera à travers les hauts et les bas du deuil. Vous découvrirez des conseils pratiques, des témoignages poignants, et une compréhension profonde de ce que signifie perdre un être cher.

Ce livre n'est pas seulement une source de réconfort pour ceux d'entre nous qui ont été touchés par le deuil, mais aussi une ressource précieuse pour tous ceux qui cherchent à mieux comprendre et à soutenir ceux qui sont en deuil. En partageant mon histoire et mon expérience avec vous, j'espère que ce livre vous offrira l'espoir et la lumière dont vous avez besoin pour traverser les moments les plus sombres de votre vie.

Alors, ouvrez ces pages avec le cœur ouvert, et laissez le Dr. Lambert être votre guide dans la gestion du deuil et du chagrin. Vous n'êtes pas seul dans ce voyage, et il y a de l'espoir, même au milieu de la tempête. Ce livre est le premier pas vers la guérison, et je vous souhaite à tous la paix et la résilience que j'ai finalement trouvées grâce à l'aide précieuse du Dr. Lambert.

Il est un fait indéniable de la condition humaine : tôt ou tard, chacun d'entre nous sera confronté au déchirement du deuil. Le décès d'un être cher est une épreuve inévitable qui peut frapper à tout moment de notre vie, nous plongeant dans un abîme d'émotions complexes et bouleversantes. Cependant, bien que le deuil soit universel, sa gestion reste souvent méconnue et mal comprise.

Je suis le Dr. Jean-Michel Lambert, psychologue clinicien spécialisé dans la gestion du deuil et du chagrin. Au cours de ma carrière, j'ai eu le privilège d'accompagner de nombreuses personnes à travers ce voyage tumultueux, et j'ai constaté que la compréhension et la gestion appropriée du deuil sont essentielles pour préserver notre bien-être émotionnel et psychologique.

Commençons par définir le deuil et le chagrin. Imaginez une jeune femme, Marie, qui vient de perdre son père après une longue lutte contre une maladie dévastatrice. Marie ressent un mélange de tristesse, de colère et de soulagement à la suite du décès de son père. Elle se sent parfois coupable de ce soulagement, ce qui ajoute à sa détresse. C'est là une expérience courante du deuil, une expérience où les émotions se bousculent et semblent parfois contradictoires.

Le deuil est souvent perçu comme un processus en plusieurs étapes. Vous avez peut-être déjà entendu parler de la célèbre théorie des étapes du deuil proposée par Elisabeth Kubler-Ross : le déni, la colère, le marchandage, la dépression et l'acceptation. Toutefois, il est essentiel de noter que le deuil ne suit pas un schéma linéaire pour tout le monde. Prenons l'exemple de Marc, qui a perdu son frère dans un accident tragique. Marc peut osciller entre ces étapes, parfois les vivre en désordre, et cela est parfaitement normal.

Le deuil ne se fait pas seul. Le soutien social joue un rôle crucial dans la manière dont nous traversons cette épreuve. Caroline, une veuve récente, a trouvé du réconfort dans le cercle de ses amis et de sa famille qui l'ont soutenue lorsqu'elle en avait besoin. Leur présence empathique et leur écoute attentive lui ont permis de partager ses émotions et de se sentir moins seule dans sa douleur.

La communication en deuil peut être particulièrement difficile. Paul, qui a perdu son fils adolescent dans un accident de voiture, se sent souvent incapable d'exprimer sa douleur à sa femme, craignant de la submerger. Apprendre à communiquer efficacement ses émotions est un aspect essentiel de la gestion du deuil, car cela permet de prévenir la détérioration des relations familiales et de renforcer le soutien mutuel.

Prendre soin de soi est souvent négligé lors du deuil. Laura, après la perte de son mari, a remarqué à quel point elle avait négligé son propre bien-être en se concentrant sur ses enfants. Elle a appris à trouver un équilibre entre la prise en charge de sa famille et l'attention qu'elle doit porter à elle-même. Nous explorerons dans ce livre les stratégies essentielles pour le bien-être physique, émotionnel et mental en période de deuil.

Le deuil n'est pas seulement une expérience douloureuse, il peut également être un moyen de trouver un sens plus profond à la vie. Thomas, qui a perdu son meilleur ami dans un accident de travail, a décidé de consacrer une partie de son temps à sensibiliser les autres aux dangers du travail dans son domaine. Le deuil peut nous pousser à réfléchir à notre existence et à rechercher un sens renouvelé.

La reconstruction après le deuil est un voyage long et difficile. Sophie, une mère célibataire qui a perdu son fils unique, a dû faire face à des changements importants dans sa vie. Elle a trouvé la force de poursuivre ses propres rêves, même si cela signifiait changer de carrière. Nous explorerons les défis et les opportunités qui se présentent lorsque nous commençons à reconstruire nos vies après le deuil.

Enfin, nous aborderons la manière dont le deuil peut façonner notre perspective de la vie et laisser un héritage durable. Julien, après la perte de sa grand-mère, a décidé de créer un mémorial en son honneur pour aider d'autres personnes en deuil. Le deuil peut être le catalyseur de changements positifs dans nos vies et de notre désir de rendre hommage à ceux que nous avons perdus.

Au cours de ce livre, nous explorerons en profondeur chacun de ces aspects du deuil, en utilisant des exemples concrets et des conseils pratiques pour vous aider à naviguer dans cette période difficile. Mon objectif est de vous fournir des outils et des ressources pour faire face au deuil avec courage et résilience. Le voyage commence ici, dans ces pages, où nous allons ensemble plonger dans la compréhension et la gestion du deuil, afin que vous puissiez trouver l'espoir et la guérison au-delà de la douleur.

Préparez-vous à explorer les profondeurs du deuil et à découvrir comment naviguer dans ces eaux troubles vers la lumière.

Introduction à la Partie 1 : Comprendre le Deuil

Dans cette première partie de notre voyage à travers la gestion du deuil et du chagrin, nous allons plonger dans les fondements de cette expérience humaine profondément universelle. Le deuil, cette réaction émotionnelle complexe à la perte d'un être cher, est une réalité incontournable de la vie humaine. C'est un voyage que chacun d'entre nous sera inévitablement amené à entreprendre un jour ou l'autre. Il est important de comprendre que le deuil n'est pas une faiblesse ni un signe de vulnérabilité, mais plutôt une réponse naturelle et essentielle à la perte.

Prenons un moment pour réfléchir à l'exemple de Sophie, qui a perdu son mari après une lutte acharnée contre une maladie dévastatrice. Son expérience illustre bien la complexité du deuil. Au fur et à mesure que son mari se détériorait, Sophie était submergée par un tourbillon d'émotions contradictoires. Elle ressentait de la tristesse face à la perspective de le perdre, de la colère contre la maladie qui le rongeait, et parfois même de la culpabilité, se demandant si elle aurait pu faire quelque chose de plus. Cette multitude d'émotions est courante lors du deuil, et elles peuvent être accablantes.

Le deuil n'est pas seulement une expérience de douleur et de chagrin, mais aussi un passage obligé pour notre processus de guérison. Imaginez que le deuil est comme une tempête émotionnelle qui secoue notre monde intérieur. Dans cette tempête, nous ressentons des vents de douleur, de pluie de tristesse, et de grondements de colère. Il est naturel de vouloir échapper à cette tempête, de chercher un abri et de la fuir. Cependant, je vous encourage à considérer le deuil comme une étape nécessaire de notre parcours de guérison.

Prenons un instant pour explorer l'importance du deuil dans ce processus de guérison. Le deuil est le mécanisme par lequel notre psyché tente de donner un sens à la perte. C'est le processus qui nous permet de reconnaître la réalité de la séparation, de faire face à nos émotions et de trouver un chemin vers l'acceptation. Le deuil nous offre l'opportunité de nous souvenir de nos êtres chers, d'honorer leur mémoire et de leur dire au revoir d'une manière significative.

Revenons à l'exemple de Sophie. À travers son voyage de deuil, elle a peu à peu accepté la réalité de la perte de son mari. Elle a commencé à se souvenir des moments heureux qu'ils avaient partagés, à honorer sa mémoire en créant un album photo et à trouver un moyen de continuer à vivre malgré le vide laissé par son départ. Ce processus a été douloureux, mais il a également été cathartique et libérateur.

Au cours de cette première partie de notre exploration, nous plongerons plus en profondeur dans les fondements du deuil. Nous allons explorer les définitions du deuil et du chagrin, les différentes formes de deuil, les émotions qui l'accompagnent, et l'importance cruciale du deuil pour notre processus de guérison. L'objectif est de vous donner une compréhension approfondie de ce que vous vivez ou de ce que vous pourriez vivre un jour, et de vous préparer à explorer les étapes du deuil qui seront au centre de notre prochaine étape de ce voyage. Accrochez-vous, car nous allons ensemble traverser ces eaux émotionnelles tumultueuses pour arriver à la lumière de la guérison.

Définition du Deuil et du Chagrin

Comme nous l'avons introduit précédemment, cette première partie du chapitre 1 est dédiée à une exploration approfondie de la définition du deuil et du chagrin. Pour comprendre pleinement cette expérience humaine universelle, il est essentiel de définir ces termes fondamentaux et d'en saisir la portée émotionnelle.

Le deuil, tout d'abord, peut être défini comme une réponse émotionnelle complexe à la perte d'un être cher, d'une relation, d'une situation, ou même d'un rêve. Il s'agit d'un processus psychologique et émotionnel par lequel nous réagissons à la séparation d'une personne ou d'un élément significatif de notre vie. Cette séparation peut être due à la mort, au divorce, à la rupture d'une relation, à la perte d'un emploi, à un déménagement, ou à tout autre événement qui entraîne une rupture d'attachement.

Pour mieux comprendre cette définition, reprenons l'exemple de Sophie, qui a perdu son mari après une longue lutte contre une maladie dévastatrice. Le décès de son mari a constitué pour elle une expérience de deuil intense. Elle a dû faire face à la séparation permanente d'une personne qui avait joué un rôle central dans sa vie, un être cher avec qui elle avait partagé des souvenirs, des rêves, et des émotions profondes. Le deuil de Sophie s'est manifesté par une multitude d'émotions complexes, allant de la tristesse à la colère en passant parfois par la culpabilité. Ces émotions, bien que difficiles à vivre, sont une réponse normale à la perte et font partie intégrante du processus de deuil.

Le chagrin, quant à lui, est l'expression de cette douleur émotionnelle profonde que nous ressentons lorsque nous faisons l'expérience du deuil. C'est la réaction émotionnelle au vide laissé par la perte. Le chagrin peut être intense, déchirant, et il peut varier en intensité d'une personne à l'autre et d'une situation à l'autre.

Revenons à notre exemple de Sophie. Après la perte de son mari, elle a ressenti un chagrin profond et constant. Elle se réveillait certains matins en se demandant comment elle pourrait continuer sans lui. Son chagrin était parfois si accablant qu'elle se sentait épuisée émotionnellement. Ce chagrin est une réponse naturelle à la perte d'un être cher, et il est essentiel de le reconnaître et de le permettre pour avancer dans le processus de deuil.

En somme, le deuil est un processus naturel de réponse à la perte, tandis que le chagrin est l'expression émotionnelle de cette perte. Comprendre ces définitions fondamentales est le point de départ essentiel pour naviguer dans les eaux souvent troubles du deuil. Au fil de ce livre, nous explorerons en profondeur ces concepts et vous aiderons à intégrer cette compréhension pour mieux faire face au deuil et au chagrin. Nous continuerons ensuite notre exploration des différents aspects du deuil, y compris les différentes formes de deuil, les émotions qui l'accompagnent, et son importance cruciale pour notre processus de guérison.

Les Différentes Formes du Deuil

Nous avons précédemment abordé la définition essentielle du deuil et du chagrin, mettant en lumière leur nature complexe et universelle. Dans cette deuxième partie du chapitre 1, nous nous pencherons sur les différentes formes que peut revêtir le deuil. En effet, le deuil ne se limite pas à la perte d'un être cher par le décès, il peut prendre diverses formes, chacune avec ses particularités et ses défis spécifiques.

1. Le Deuil Anticipé :

Le deuil anticipé survient lorsque nous sommes conscients à l'avance de la perte imminente d'un être cher en raison d'une maladie en phase terminale ou d'une situation prévisible. Pour illustrer cette forme de deuil, reprenons l'exemple de Jeanne, qui prend soin de sa mère âgée atteinte d'une maladie incurable. Dans cette situation, Jeanne est déjà en train de vivre son deuil avant le décès de sa mère, car elle sait que la séparation inévitable approche.

Le deuil anticipé peut être une expérience complexe, car il mélange la préparation à la perte avec la douleur de la séparation imminente. Les proches doivent souvent faire face à des sentiments de tristesse anticipée, de colère contre la maladie, et parfois de culpabilité pour des choix difficiles à prendre.

2. Le Deuil Soudain :

À l'opposé du deuil anticipé, le deuil soudain survient brusquement et inattendu, laissant les personnes sous le choc. Reprenons le cas de Marc, qui a perdu son frère dans un accident de voiture tragique. Dans de telles situations, le deuil peut être dévastateur, car les émotions sont souvent intenses et accablantes dès le début.

Le deuil soudain peut engendrer des sentiments d'injustice, de colère et de confusion. Les personnes en deuil soudain doivent apprendre à faire face à cette brutale séparation sans avoir eu la chance de se préparer mentalement.

3. Le Deuil Compliqué :

Le deuil compliqué, parfois appelé deuil pathologique, se manifeste lorsque le processus de deuil ne suit pas une trajectoire normale. Les personnes en deuil compliqué peuvent être incapables d'accepter la réalité de la perte, rester fixées sur le passé, ou éprouver des émotions extrêmes et persistantes qui les empêchent de reprendre une vie normale.

Prenons l'exemple de Caroline, qui après la perte de son mari, est tombée dans une dépression profonde, incapable de sortir de chez elle ou d'accepter de l'aide. Son deuil était devenu compliqué par une série de facteurs, et elle avait besoin d'un soutien professionnel pour traverser cette épreuve.

Ces différentes formes de deuil mettent en lumière la complexité de cette expérience humaine. Que le deuil soit anticipé, soudain, ou compliqué, il est essentiel de reconnaître et de respecter les réactions émotionnelles qui en découlent. Chacune de ces situations peut présenter des défis uniques, mais avec le soutien approprié, il est possible de trouver un chemin vers la guérison. Au cours de notre voyage, nous explorerons plus en profondeur les moyens de faire face à ces différentes formes de deuil et d'accompagner les personnes en deuil sur le chemin de la résilience.

Les Émotions du Deuil : Tristesse, Colère, Culpabilité, Etc.

Le deuil, comme nous l'avons déjà exploré, est une expérience émotionnelle complexe et profonde. Dans cette troisième partie du chapitre 1, nous allons plonger dans les émotions qui accompagnent souvent le deuil, telles que la tristesse, la colère, la culpabilité, et bien d'autres. Il est crucial de comprendre que ces émotions font partie intégrante du processus de deuil et qu'elles ne doivent pas être jugées ni réprimées.

1. La Tristesse :

La tristesse est l'une des émotions les plus courantes et les plus visibles associées au deuil. Elle se manifeste souvent dès le début du deuil et peut persister pendant un certain temps. La tristesse se caractérise par une profonde douleur émotionnelle, une mélancolie, et parfois des pleurs fréquents.

Revenons à l'exemple de Sophie, qui a perdu son mari. Sa tristesse était palpable, elle se levait chaque matin avec un poids dans la poitrine, incapable de trouver du réconfort. Il est important de noter que la tristesse n'est pas une faiblesse, mais une réponse naturelle à la perte d'un être cher.

2. La Colère :

La colère est une autre émotion fréquemment rencontrée pendant le deuil. Elle peut être dirigée vers diverses cibles, que ce soit envers la personne décédée, envers d'autres personnes, envers Dieu ou envers soi-même. Cette émotion peut être déroutante, mais elle est souvent le résultat de la frustration et de l'impuissance ressenties lors de la perte.

Dans l'exemple de Marc, qui a perdu son frère dans un accident tragique, sa colère était dirigée contre le conducteur responsable de l'accident. Cette colère intense était une manière pour lui d'exprimer son sentiment d'injustice face à la perte brutale de son frère.

3. La Culpabilité :

La culpabilité est une émotion fréquente chez les personnes en deuil. Elle peut prendre différentes formes, comme la culpabilité de ne pas avoir été présentes suffisamment pour la personne décédée, la culpabilité de ne pas avoir dit ou fait quelque chose, ou même la culpabilité de ressentir des moments de joie alors qu'un être cher est parti.

Reprenons l'exemple de Marie, qui après la perte de son père, éprouvait de la culpabilité pour des moments où elle avait ressenti du soulagement lorsque son père avait été libéré de sa souffrance. Cette culpabilité était un fardeau qu'elle portait, mais elle est également une réaction naturelle au deuil.

4. Autres Émotions du Deuil :

Outre la tristesse, la colère, et la culpabilité, le deuil peut générer un large éventail d'autres émotions, notamment l'anxiété, la confusion, la frustration, le désespoir, la solitude, et même le soulagement. Chacune de ces émotions est légitime et fait partie intégrante du processus de deuil.

Il est essentiel de comprendre que ces émotions ne suivent pas un schéma prévisible ni un ordre linéaire. Chacun réagit différemment au deuil, et il n'y a pas de bonne ou de mauvaise manière de ressentir. Les émotions du deuil sont souvent complexes et contradictoires, et il est important de les accepter et de les exprimer de manière appropriée.

Au fil de ce livre, nous allons explorer en profondeur chacune de ces émotions du deuil, en utilisant des exemples concrets pour illustrer leur impact et en fournissant des conseils pratiques pour les gérer. Comprendre ces émotions est un élément clé pour avancer dans le processus de deuil et trouver la voie de la guérison. Nous allons également aborder des techniques et des stratégies pour faire face à ces émotions de manière saine et constructive. Le deuil est un voyage difficile, mais il peut être traversé avec courage et résilience lorsque nous comprenons et acceptons les émotions qui l'accompagnent.

L'Importance du Deuil pour le Processus de Guérison

Nous avons parcouru un chemin significatif dans notre exploration des fondements du deuil. Nous avons défini le deuil et le chagrin, exploré les différentes formes que peut revêtir le deuil, et plongé dans les émotions complexes qui accompagnent cette expérience. Il est maintenant temps d'aborder un aspect essentiel du deuil : son importance pour le processus de guérison.

1. Accepter la Réalité de la Perte :

Le deuil nous aide à affronter la réalité de la perte. Lorsque nous perdons un être cher, il est parfois difficile de croire que cette personne ne fera plus partie de notre vie. Le deuil nous oblige à accepter cette dure réalité. Reprenons l'exemple de Sophie, qui, après la perte de son mari, a dû affronter l'idée qu'elle ne le reverrait plus jamais. Cette étape est difficile, mais c'est un élément clé pour avancer dans le processus de guérison.

2. Exprimer ses Émotions :

Le deuil nous donne l'opportunité d'exprimer nos émotions. C'est un espace où nous pouvons pleurer, crier, ressentir de la colère, ou même éprouver de la culpabilité en toute sécurité. En faisant face à ces émotions, nous pouvons les libérer progressivement, ce qui est essentiel pour notre bien-être émotionnel.

3. Trouver un Sens à la Perte :

Le deuil nous pousse à trouver un sens à la perte. Pourquoi cela s'est-il produit ? Quel enseignement pouvons-nous tirer de cette expérience ? Trouver un sens peut aider à donner un éclairage sur la tragédie et à apaiser certaines des questions qui nous tourmentent. Par exemple, Sophie a trouvé un sens à la perte de son mari en décidant de s'impliquer dans des activités caritatives liées à sa maladie, transformant ainsi sa douleur en action positive.

4. Honorer la Mémoire de l'Être Cher :

Le deuil nous permet d'honorer la mémoire de l'être cher. Que ce soit par le biais de cérémonies funéraires, de rituels personnels, ou simplement en partageant des souvenirs avec d'autres, le deuil offre un espace pour célébrer la vie de la personne décédée. Cette étape peut être apaisante et contribuer à la construction d'un lien continu avec l'être cher.

5. Le Passage de l'Attachement à la Détachement :

Enfin, le deuil nous guide dans le passage de l'attachement au détachement. Cela ne signifie pas oublier la personne décédée, mais plutôt apprendre à vivre sans sa présence physique. Le deuil nous permet de réajuster notre lien avec l'être cher et de continuer notre vie tout en portant son souvenir dans notre cœur.

Chacun de ces aspects du deuil est une étape cruciale du processus de guérison. Le deuil n'est pas une faiblesse, mais une force qui nous permet de traverser l'expérience de la perte et d'en sortir transformés. Il nous aide à reconstruire notre vie d'une manière significative, tout en portant avec nous le souvenir de nos êtres chers.

Dans les chapitres à venir, nous approfondirons ces aspects du deuil, en fournissant des conseils pratiques pour faire face à chaque étape et en partageant des exemples concrets de personnes qui ont trouvé la résilience à travers le deuil. Souvenez-vous que le deuil peut être difficile, mais il est aussi un chemin vers la guérison et la croissance personnelle. Je vous invite à continuer cette exploration avec un cœur ouvert, prêt à comprendre et à accepter les profondeurs du deuil pour éventuellement trouver la lumière de la guérison.

Synthèse du Chapitre 1 : Les Fondements du Deuil

Dans ce premier chapitre, nous avons entrepris un voyage essentiel pour comprendre les fondements du deuil, une expérience humaine universelle et complexe. Nous avons exploré les différentes facettes de cette réalité, en commençant par la définition du deuil et du chagrin.

Le deuil a été défini comme une réponse émotionnelle complexe à la perte d'un être cher, tandis que le chagrin est l'expression de cette douleur émotionnelle profonde. Nous avons vu que le deuil peut prendre différentes formes, qu'il soit anticipé, soudain ou compliqué, et que chacune de ces formes comporte ses propres défis émotionnels.

Nous avons ensuite plongé dans les émotions du deuil, un aspect central de cette expérience. La tristesse, la colère, la culpabilité, mais aussi l'anxiété, la confusion et d'autres émotions complexes font partie intégrante du processus de deuil. Nous avons souligné l'importance d'accepter et d'exprimer ces émotions pour progresser dans le deuil.

Enfin, nous avons abordé l'importance du deuil pour le processus de guérison. Le deuil nous aide à accepter la réalité de la perte, à exprimer nos émotions, à trouver un sens à la perte, à honorer la mémoire de l'être cher et à effectuer le passage de l'attachement au détachement. Il est un chemin vers la guérison et la croissance personnelle.

Au fil de ce chapitre, nous avons utilisé des exemples concrets pour illustrer ces concepts, tels que l'histoire de Sophie, qui a perdu son mari, ou celle de Marc, confronté à la perte soudaine de son frère. Ces exemples ont montré comment le deuil peut prendre différentes formes et engendrer des émotions variées.

Nous avons également souligné que le deuil est un processus personnel et individuel, chaque personne le vivant à sa manière. Il n'y a pas de chemin universel à suivre, ni de calendrier prédéfini pour le deuil. Chacun doit trouver sa propre voie pour traverser cette expérience.

Dans les chapitres à venir, nous continuerons d'explorer le deuil en profondeur, en fournissant des conseils pratiques, des stratégies de gestion des émotions, et des outils pour avancer dans le processus de deuil. Notre objectif est de vous accompagner dans votre propre voyage de deuil, en vous aidant à comprendre, à accepter, et à trouver la voie de la guérison. Nous espérons que cette première étape vous a permis de mieux appréhender les fondements du deuil et de vous préparer à la suite de notre exploration.

Chapitre 2 : Les Étapes du Deuil

Introduction

Nous entrons maintenant dans le deuxième chapitre de notre exploration de la gestion du deuil et du chagrin, intitulé "Les Étapes du Deuil". Ce chapitre est une étape cruciale dans la compréhension de ce processus complexe. Nous allons plonger dans la théorie des étapes du deuil d'Elisabeth Kubler-Ross, un modèle qui a profondément influencé notre compréhension du deuil, tout en examinant les critiques et les variations qui lui sont associées.

2.1 La théorie des étapes du deuil d'Elisabeth Kubler-Ross :

Elisabeth Kubler-Ross, pionnière dans le domaine des soins palliatifs, a proposé en 1969 une théorie qui a révolutionné notre compréhension du deuil. Cette théorie suggère que le deuil suit un processus en cinq étapes : le déni, la colère, le marchandage, la dépression et l'acceptation. Chacune de ces étapes est une réponse émotionnelle à la perte et peut se manifester de manière différente chez chaque individu.

Pour mieux illustrer cette théorie, prenons l'exemple de Marie, qui a perdu son père. Dans un premier temps, elle a peut-être refusé de croire à la réalité de sa perte, exprimant ainsi le déni. Puis, elle a pu ressentir de la colère face à l'injustice de la situation, peut-être envers la maladie ou envers le destin. Le marchandage aurait pu prendre la forme de prières ou de tentatives de négociation avec le destin pour ramener son père à la vie. La dépression peut s'installer lorsque la réalité de la perte devient inévitable, et enfin, l'acceptation survient lorsque Marie intègre progressivement la perte de son père et trouve un moyen de continuer sa vie.

2.2 Les critiques et les variations de cette théorie :

Bien que la théorie des étapes du deuil d'Elisabeth Kubler-Ross ait été révolutionnaire, elle a suscité des critiques au fil des années. Certains ont remis en question le caractère linéaire de ces étapes, car le deuil n'est pas toujours un processus chronologique. De plus, chaque individu est unique, et les étapes du deuil peuvent se chevaucher, se répéter ou se manifester différemment pour chaque personne.

Dans ce contexte, nous explorerons également d'autres modèles du deuil qui tiennent compte de cette complexité, comme le modèle en spirale du deuil. Ce modèle suggère que le deuil est un processus cyclique plutôt que linéaire, avec des hauts et des bas constants. Il reflète la réalité que le deuil est une expérience fluide et personnelle.

2.3 L'expérience individuelle du deuil :

Enfin, nous rappellerons tout au long de ce chapitre que chaque individu vit le deuil de manière unique. Bien que les modèles et les théories puissent fournir des cadres utiles, il est essentiel de se souvenir que le deuil est une expérience personnelle, influencée par la relation avec la personne décédée, la nature de la perte, et le soutien social disponible.

Au fil des pages à venir, nous explorerons en détail chaque étape de la théorie d'Elisabeth Kubler-Ross, en tenant compte des critiques et des variations. Nous aborderons également d'autres modèles et perspectives pour enrichir notre compréhension du deuil. Notre objectif est de vous aider à mieux saisir ce processus complexe afin de vous accompagner dans votre propre voyage de deuil ou de soutenir ceux qui en ont besoin. En comprenant les étapes du deuil, vous pourrez mieux naviguer dans cette expérience émotionnelle tumultueuse et trouver la voie vers la guérison.

La Théorie des Étapes du Deuil d'Elisabeth Kubler-Ross

Dans cette première partie du chapitre 2, nous nous plongeons dans la théorie des étapes du deuil d'Elisabeth Kubler-Ross. Cette théorie, élaborée en 1969, a profondément influencé notre compréhension du processus de deuil. Elle suggère que le deuil suit un modèle en cinq étapes, chaque étape représentant une réponse émotionnelle à la perte d'un être cher. Ces étapes sont : le déni, la colère, le marchandage, la dépression et l'acceptation.

1. Le Déni :

Le déni est souvent la première étape du processus de deuil, où l'individu a du mal à accepter la réalité de la perte. C'est une réaction normale et temporaire qui peut aider à amortir le choc initial de la perte. Reprenons l'exemple de Sophie, qui a perdu son mari. Au début, elle pouvait avoir du mal à croire qu'il était vraiment parti, se réveillant parfois en s'attendant à le trouver à ses côtés.

Le déni permet à l'individu de se protéger d'une douleur trop intense au moment de la perte. Cependant, il est important de noter que le déni n'est pas une solution à long terme et doit céder la place à d'autres émotions pour permettre la progression du deuil.

2. La Colère :

La colère est la deuxième étape des étapes du deuil. L'individu ressent souvent une colère intense envers la situation ou envers différentes cibles, qu'il s'agisse de la personne décédée, de la maladie, de Dieu ou de l'injustice de la vie. Cette colère peut être déconcertante, mais elle reflète souvent la frustration et l'impuissance ressenties face à la perte.

Prenons l'exemple de Marc, qui a perdu son frère dans un accident de voiture. Marc a ressenti une colère profonde envers le conducteur responsable de l'accident, exprimant son sentiment d'injustice face à la perte brutale de son frère.

3. Le Marchandage :

La troisième étape, le marchandage, est souvent marquée par des tentatives de négociation avec le destin ou avec Dieu pour inverser la perte. L'individu peut se dire qu'il aurait dû faire quelque chose de différent pour éviter la perte, ou qu'il est prêt à faire des compromis pour que l'être cher revienne. Cette étape peut être caractérisée par des "si seulement" et des "et si".

Dans l'exemple de Marie, qui a perdu son père, elle a pu se surprendre à prier pour que son père revienne ou à se sentir coupable de ne pas avoir fait plus pour le sauver.

4. La Dépression :

La dépression est la quatrième étape du deuil, où l'individu réalise pleinement l'ampleur de la perte et fait l'expérience d'une profonde tristesse. C'est souvent la phase la plus longue du processus de deuil et peut être accompagnée de symptômes de dépression tels que la perte d'intérêt, la fatigue et l'isolement.

Marie, après avoir perdu son père, a fait l'expérience de la dépression, se sentant souvent accablée par la tristesse et la solitude.

5. L'Acceptation :

L'acceptation est la cinquième et dernière étape des étapes du deuil. Cela ne signifie pas que l'individu oublie la personne décédée, mais plutôt qu'il accepte la réalité de la perte et trouve un moyen de continuer sa vie malgré cette absence. L'acceptation ne signifie pas nécessairement la fin du deuil, mais plutôt un réajustement du lien avec l'être cher.

Chacune de ces étapes est une réponse émotionnelle normale à la perte et peut varier en durée et en intensité d'une personne à l'autre. Il est essentiel de se rappeler que le deuil n'est pas un processus linéaire, et les étapes peuvent se chevaucher ou se répéter.

Dans les prochaines parties de ce chapitre, nous aborderons les critiques et les variations de cette théorie, ainsi que d'autres modèles du deuil qui tiennent compte de sa complexité. Comprendre les étapes du deuil est un élément clé pour naviguer dans ce processus complexe, mais il est tout aussi important de se rappeler que chaque individu le vit de manière unique. Notre objectif est de vous fournir les outils nécessaires pour mieux comprendre votre propre expérience de deuil ou pour soutenir ceux qui en ont besoin.

Les Critiques et les Variations de la Théorie des Étapes du Deuil

La théorie des étapes du deuil d'Elisabeth Kubler-Ross, bien qu'influente et largement acceptée, n'est pas sans critiques ni débats. Dans cette deuxième partie du chapitre 2, nous allons examiner attentivement certaines des critiques et des variations de cette théorie, afin de mieux comprendre la complexité du processus de deuil.

1. La Critique de la Linéarité :

L'une des critiques majeures de la théorie des étapes du deuil est son modèle linéaire, qui suggère que les individus passent par ces étapes dans un ordre spécifique. En réalité, le deuil est souvent plus fluide et chaotique. Les personnes en deuil peuvent éprouver plusieurs émotions en même temps, revenir en arrière, ou même sauter certaines étapes.

Reprenons l'exemple de Marie, qui a perdu son père. Bien qu'elle ait ressenti un déni initial, suivi de colère, elle a aussi expérimenté des moments de dépression et de marchandage simultanément. Cette complexité émotionnelle ne correspond pas au modèle linéaire, mais elle est tout à fait normale.

2. Les Étapes Ne Sont Pas Universelles :

Une autre critique importante concerne le caractère universel des étapes du deuil. Elisabeth Kubler-Ross a élaboré sa théorie en se basant principalement sur des patients en phase terminale de maladie. Les étapes peuvent être différentes pour ceux qui font face à une perte soudaine ou inattendue, comme la perte d'un être cher dans un accident tragique.

Par exemple, la colère et le déni peuvent être plus prédominants chez ceux confrontés à une perte soudaine, tandis que le marchandage et l'acceptation peuvent être plus marqués chez ceux dont la perte était anticipée. Le contexte de la perte et la relation avec la personne décédée influencent fortement la manière dont les étapes sont vécues.

3. La Culture et la Spiritualité Jouent un Rôle :

La culture et la spiritualité jouent un rôle essentiel dans la manière dont les individus vivent le deuil. Certaines cultures encouragent l'expression émotionnelle ou les rituels spécifiques pour faire face au deuil, tandis que d'autres peuvent avoir des normes sociales différentes. La spiritualité peut également influencer la manière dont une personne conçoit la vie après la mort et la signification de la perte.

Par exemple, une personne issue d'une culture où le deuil est collectif peut trouver du réconfort dans le soutien de la communauté, tandis qu'une personne avec des croyances spirituelles peut voir la perte comme une transition vers un autre état de l'existence.

4. Les Étapes Peuvent Évoluer avec le Temps :

Enfin, il est important de noter que les étapes du deuil peuvent évoluer avec le temps. Une personne peut passer par certaines étapes, puis revenir en arrière ou faire l'expérience d'une étape qu'elle avait déjà traversée. Le deuil est un processus dynamique, et les émotions peuvent émerger à différents moments de la vie.

En somme, bien que la théorie des étapes du deuil d'Elisabeth Kubler-Ross ait été un point de départ précieux pour comprendre le deuil, il est essentiel de la considérer comme un cadre plutôt qu'une formule rigide. Les critiques et les variations nous rappellent la complexité du deuil et l'importance de prendre en compte la singularité de chaque expérience. Dans les prochaines parties de ce chapitre, nous explorerons d'autres modèles du deuil qui tiennent compte de cette complexité et qui peuvent être plus adaptés à certaines situations ou à certaines personnes. Notre objectif est de vous fournir les outils nécessaires pour mieux comprendre et accompagner le deuil dans toutes ses nuances.

Le Modèle en Spirale du Deuil

Dans cette troisième partie du chapitre 2, nous allons explorer une perspective alternative sur le deuil : le modèle en spirale. Contrairement à la théorie des étapes du deuil d'Elisabeth Kubler-Ross, qui propose un modèle linéaire, le modèle en spirale reconnaît la complexité et la variabilité du processus de deuil.

1. Comprendre le Modèle en Spirale :

Le modèle en spirale du deuil, développé par la psychologue Susan Berger, suggère que le deuil n'est pas un processus linéaire avec des étapes fixes, mais plutôt un voyage continu où les émotions circulent en spirale. Dans ce modèle, une personne peut revenir en arrière, passer d'une émotion à l'autre, ou faire l'expérience de nouvelles émotions à tout moment.

Prenons l'exemple de Marc, qui a perdu son frère dans un accident de voiture. Selon le modèle en spirale, Marc peut vivre des moments où il ressent une profonde colère face à la perte de son frère, puis passer à des périodes de tristesse intense. Plus tard, il peut se rappeler des souvenirs heureux et ressentir de la gratitude pour le temps qu'il a passé avec son frère. Ce modèle reconnaît que les émotions ne sont pas figées dans un ordre prédéfini.

2. Les Avantages du Modèle en Spirale :

Le modèle en spirale offre plusieurs avantages. Tout d'abord, il correspond mieux à la réalité du deuil, qui est souvent marqué par des fluctuations émotionnelles. Les individus en deuil peuvent se sentir coupables s'ils ne suivent pas le modèle linéaire des étapes du deuil, mais le modèle en spirale les libère de cette pression.

En outre, ce modèle reconnaît que le deuil est un processus individuel, influencé par de nombreux facteurs, tels que la relation avec la personne décédée, la nature de la perte, et le soutien social disponible. Chaque personne en deuil a sa propre trajectoire émotionnelle.

3. Le Rôle du Temps :

Le modèle en spirale reconnaît également que le temps joue un rôle crucial dans le deuil. Les émotions évoluent avec le temps, et la douleur initiale peut s'atténuer, même si elle ne disparaît jamais complètement. Les anniversaires, les jours fériés et d'autres événements peuvent raviver les émotions, mais le modèle en spirale nous rappelle que cela fait partie du processus de deuil.

4. La Gestion de la Spirale du Deuil :

Pour les personnes en deuil, comprendre le modèle en spirale peut être libérateur. Cela leur permet de se sentir moins coupables de leurs émotions changeantes et de mieux gérer leur propre voyage de deuil. Les professionnels de la santé mentale peuvent également utiliser ce modèle pour aider leurs patients à naviguer dans leurs émotions et à trouver des stratégies pour faire face au deuil.

En résumé, le modèle en spirale du deuil offre une perspective plus nuancée et réaliste sur le processus de deuil. Il reconnaît que les émotions ne sont pas figées dans un ordre spécifique et que chaque individu en deuil a sa propre trajectoire émotionnelle. Comprendre ce modèle peut aider les personnes en deuil à mieux gérer leurs émotions et à progresser dans leur propre voyage de deuil. Dans les parties suivantes de ce chapitre, nous continuerons d'explorer d'autres modèles du deuil qui peuvent enrichir notre compréhension de cette expérience complexe et personnelle.

L'Expérience Individuelle du Deuil

Nous concluons ce chapitre en explorant l'élément essentiel du deuil : l'expérience individuelle. Chaque personne en deuil est unique, et comprendre comment cette expérience se manifeste de manière personnelle est crucial pour accompagner ceux qui traversent cette période difficile.

1. La Singularité de l'Expérience :

L'expérience du deuil est profondément personnelle. Chaque individu porte sa propre histoire, sa relation unique avec la personne décédée, ses croyances, et sa manière de faire face à la perte. Il n'y a pas de formule magique ou de réponse universelle pour gérer le deuil.

Revenons à nos exemples précédents. Sophie, qui a perdu son mari, peut avoir une expérience très différente de Marie, qui a perdu son père, même si elles traversent toutes les deux un deuil. Sophie peut ressentir une grande solitude après la perte de son mari, tandis que Marie peut trouver du réconfort dans le soutien de sa famille élargie.

2. Les Influences Externes et Internes :

L'expérience individuelle du deuil est influencée par de nombreux facteurs. Les influences externes comprennent le soutien social, la culture, la spiritualité, et le contexte de la perte. Les influences internes comprennent la personnalité de la personne en deuil, ses mécanismes de défense, et ses expériences passées de perte.

Par exemple, une personne qui a déjà vécu une perte traumatique peut être plus ou moins préparée à faire face à une nouvelle perte. De même, une personne avec une forte base de soutien social peut trouver plus facile de traverser le deuil que quelqu'un qui se sent isolé.

3. Le Temps et l'Évolution :

Le temps joue un rôle central dans l'expérience du deuil. Les émotions évoluent et changent au fil des jours, des mois et des années qui suivent la perte. Les anniversaires, les événements spéciaux et les souvenirs peuvent raviver les émotions, mais le temps permet généralement à la douleur de s'atténuer.

Le modèle en spirale, dont nous avons discuté précédemment, reflète bien cette évolution au fil du temps. Il rappelle que les émotions en deuil peuvent fluctuer et que c'est tout à fait normal.

4. Le Rôle du Soutien :

Le soutien social et émotionnel joue un rôle crucial dans l'expérience individuelle du deuil. Les personnes en deuil peuvent trouver du réconfort dans le fait de partager leurs émotions, leurs souvenirs, et leur douleur avec d'autres personnes. Le soutien des amis, de la famille, ou d'un professionnel de la santé mentale peut aider à traverser cette période difficile.

Reprenons l'exemple de Marc, qui a perdu son frère. Le fait de pouvoir parler de son frère avec sa famille et de se remémorer des moments heureux peut contribuer à apaiser sa douleur et à honorer la mémoire de son frère.

Dans ce chapitre consacré aux étapes du deuil, nous avons exploré différentes perspectives sur la manière dont les individus réagissent à la perte d'un être cher. Nous avons abordé la théorie classique des étapes du deuil d'Elisabeth Kubler-Ross, les critiques et les variations de cette théorie, ainsi que le modèle en spirale du deuil. Enfin, nous avons plongé dans l'expérience individuelle du deuil.

Ce chapitre nous a permis de comprendre que le deuil est une expérience complexe et personnelle. Chaque individu en deuil a sa propre trajectoire émotionnelle, influencée par des facteurs internes tels que la personnalité et des facteurs externes tels que le soutien social et culturel. Nous avons souligné l'importance de reconnaître que le deuil ne suit pas un schéma fixe en étapes, mais plutôt une série d'émotions en évolution constante.

Nous avons également discuté du rôle du temps dans le deuil, soulignant que les émotions évoluent au fil des jours, des mois et des années qui suivent la perte. Le modèle en spirale, en particulier, a été présenté comme une approche qui reflète bien cette dynamique émotionnelle.

Enfin, nous avons mis en évidence le rôle crucial du soutien social et émotionnel dans l'expérience du deuil. Les personnes en deuil peuvent trouver du réconfort dans le partage de leurs émotions et de leurs souvenirs avec d'autres, que ce soit leur famille, leurs amis, ou un professionnel de la santé mentale.

En somme, ce chapitre nous rappelle que le deuil est une expérience humaine profondément personnelle, qu'il n'y a pas de bonne ou de mauvaise façon de le vivre, et que chaque individu en deuil mérite un soutien adapté à sa propre trajectoire émotionnelle. Dans les chapitres à venir, nous continuerons d'explorer d'autres aspects du deuil et de fournir des conseils pratiques pour faire face à cette expérience universelle avec empathie et compréhension.

Partie 2 : Gérer le Deuil

Introduction du Chapitre 3 : "Le Soutien Social et Émotionnel"

Au cœur de la gestion du deuil se trouve un élément essentiel : le soutien social et émotionnel. Dans ce chapitre, nous allons plonger dans l'importance fondamentale du soutien social pendant le processus de deuil. Nous explorerons comment demander et accepter de l'aide, ainsi que les erreurs courantes à éviter lorsqu'on apporte du soutien aux personnes en deuil.

Le deuil est une expérience qui peut être à la fois dévastatrice et éprouvante. C'est dans ces moments difficiles que le soutien social revêt une importance capitale. Qu'il s'agisse de la famille, des amis, ou d'autres personnes qui partagent la peine, le soutien social offre une épaule sur laquelle s'appuyer, un espace pour exprimer les émotions, et un rappel que l'on n'est pas seul dans son deuil.

Prenons l'exemple de Jean, qui a récemment perdu son épouse. Le fait d'avoir sa famille et ses amis à ses côtés lui a permis de traverser cette période de chagrin avec un certain réconfort. Le soutien social peut apporter un sentiment de sécurité émotionnelle et contribuer à alléger le fardeau du deuil.

Demander de l'aide peut être une étape difficile pour les personnes en deuil. Elles peuvent se sentir vulnérables ou craintives de déranger les autres. Cependant, il est essentiel de comprendre que demander de l'aide est une démarche courageuse et nécessaire.

Nous aborderons des stratégies pratiques pour demander de l'aide et comment les amis et la famille peuvent offrir leur soutien de manière appropriée. L'exemple de Sophie, qui a perdu son mari, illustrera comment elle a pu surmonter cette difficulté en exprimant ses besoins à ses proches.

Bien que le soutien social soit crucial, il est également important de reconnaître les erreurs courantes à éviter. Dans notre exploration, nous mettrons en lumière des comportements bien intentionnés mais maladroits qui peuvent causer plus de stress aux personnes en deuil.

Par exemple, le cas de Marc, qui a perdu son frère, nous rappellera l'importance de la sensibilité et de l'empathie lorsqu'on soutient quelqu'un en deuil. Éviter des commentaires maladroits ou des conseils non sollicités peut faire une grande différence dans la manière dont le soutien est perçu.

En conclusion, ce chapitre nous guidera à travers l'importance vitale du soutien social et émotionnel dans la gestion du deuil. Nous allons explorer comment demander et accepter de l'aide, ainsi que les pièges à éviter lorsque nous soutenons les personnes en deuil. Notre objectif est d'offrir des conseils pratiques et compatissants pour que chacun puisse mieux comprendre comment soutenir efficacement les autres dans leur voyage de deuil.

Chapitre 3 : L'Importance du Soutien Social Pendant le Deuil

Le deuil est un voyage émotionnel profondément difficile, et il est essentiel de comprendre l'importance cruciale du soutien social pendant cette période. Dans cette première partie du chapitre 3, nous explorerons en détail pourquoi le soutien social joue un rôle fondamental dans le processus de deuil.

1. Un Pilier d'Émotions Partagées :

Le deuil est une expérience profondément émotionnelle, une traversée au cœur des sentiments les plus intenses et complexes que nous puissions ressentir en tant qu'êtres humains. Il nous emmène dans un voyage à travers un paysage émotionnel marqué par une gamme étendue d'émotions, allant de la tristesse à la colère, de la confusion au désespoir.

Dans ces moments de douleur et de vulnérabilité, il est inestimable de se sentir entouré de personnes bienveillantes qui comprennent et partagent nos émotions. Le soutien social devient une bouée de sauvetage émotionnelle, offrant un précieux espace pour partager ces sentiments intenses avec d'autres qui sont également touchés par la perte.

Imaginez Marie, qui a perdu son père. La douleur de cette perte est accablante, mais lorsque Marie peut se tourner vers sa famille, ses amis, ou un groupe de soutien de personnes en deuil, elle découvre un havre de compréhension et de compassion. Ces personnes comprennent que le deuil n'est pas seulement une série d'étapes à traverser, mais une expérience profondément personnelle et émotionnelle.

Le fait de partager ces émotions avec d'autres crée un sentiment de connexion, un rappel que l'on n'est pas seul dans sa douleur. Cela peut apporter un réconfort inestimable, même si les mots sont souvent insuffisants pour exprimer l'intensité de ce que l'on ressent. Le simple fait de savoir que quelqu'un est là pour écouter, sans jugement ni précipitation, peut être apaisant et réconfortant.

De plus, le soutien social permet de créer un espace où les souvenirs du défunt peuvent être partagés. Ces souvenirs deviennent des trésors précieux, des anecdotes qui rappellent l'amour et l'héritage de la personne décédée. Partager ces souvenirs renforce le lien entre les personnes en deuil et peut contribuer à honorer la mémoire de l'être cher disparu.

En conclusion, le soutien social offre un refuge émotionnel au sein du tumulte du deuil. Il permet aux personnes en deuil de traverser ces émotions intenses en compagnie de ceux qui comprennent, qui compatissent, et qui sont prêts à offrir leur épaule et leur soutien. Dans la suite de ce chapitre, nous allons explorer comment demander et accepter de l'aide, ainsi que les erreurs courantes à éviter lorsqu'on apporte du soutien aux personnes en deuil, afin de créer un environnement de soutien solide et compatissant autour de ceux qui en ont besoin pendant leur voyage de deuil.

2. Un Soutien Émotionnel et Pratique :

Le deuil est une épreuve qui va bien au-delà de la dimension émotionnelle. Il affecte également de manière significative la vie quotidienne des personnes en deuil. Dans ce contexte, le soutien social revêt une importance particulière, car il ne se limite pas à l'écoute des émotions, mais il peut également revêtir des aspects pratiques cruciaux.

Imaginons la situation de Sophie, qui a perdu son mari. Outre la douleur émotionnelle, Sophie doit désormais gérer toutes les responsabilités quotidiennes qui étaient précédemment partagées avec son conjoint. Les tâches ménagères, la gestion des finances, la prise de décisions importantes, tout cela peut devenir accablant en période de deuil.

C'est là qu'intervient le soutien social sous sa forme pratique. La famille, les amis ou d'autres proches peuvent apporter un soutien concret en aidant à assumer certaines de ces tâches. Par exemple, des amis peuvent proposer de faire les courses, de préparer des repas ou de prendre en charge les enfants, tandis que la famille peut aider à trier les affaires du défunt ou à gérer les aspects administratifs liés au décès.

Ce type de soutien pratique est loin d'être insignifiant. Il allège le fardeau émotionnel et logistique qui pèse sur les épaules des personnes endeuillées. Il permet à ceux en deuil de se concentrer sur leur propre processus de guérison sans être submergés par les exigences de la vie quotidienne. De plus, il peut contribuer à réduire le stress et à prévenir l'épuisement émotionnel, qui sont fréquents en période de deuil.

Un autre aspect important du soutien social pratique est qu'il renforce le sentiment de communauté et de solidarité. Lorsque les amis et la famille se mobilisent pour aider une personne en deuil, cela envoie un message puissant : "Nous sommes là pour toi, nous partageons ton fardeau, tu n'es pas seul(e) dans cette épreuve." Cette solidarité peut être incroyablement réconfortante pour la personne en deuil et renforcer son sentiment d'appartenance.

En résumé, le soutien social sous sa forme pratique est une composante essentielle de l'aide apportée aux personnes en deuil. Il allège le fardeau logistique qui accompagne le deuil, permet à ceux en deuil de se concentrer sur leur guérison émotionnelle, et renforce le lien social. Dans les prochains volets de ce chapitre, nous explorerons davantage comment demander et accepter de l'aide, ainsi que les erreurs courantes à éviter lorsqu'on apporte du soutien aux personnes en deuil. Notre objectif est de fournir des conseils pratiques pour créer un environnement de soutien solide et compatissant autour de ceux qui en ont besoin pendant leur voyage de deuil.

3. Le Soutien Social Comme Rempart Contre l'Isolation :

L'isolement est l'une des conséquences les plus redoutées du deuil. Les personnes en deuil se trouvent souvent plongées dans une profonde solitude, une solitude qui peut être tout aussi dévastatrice que la perte elle-même. Cependant, le soutien social joue un rôle crucial en empêchant ces individus de s'enfermer dans leur chagrin.

Imaginez la situation de Jean, qui a récemment perdu son épouse. Après des décennies de vie partagée, il se retrouve soudainement seul dans une maison qui était autrefois remplie de rires et d'amour. Les souvenirs de sa femme sont partout, mais elle est physiquement absente. Dans ces moments, le sentiment d'isolement peut être accablant.

C'est ici que le soutien social devient une bouée de sauvetage émotionnelle. La famille, les amis, et d'autres proches peuvent jouer un rôle essentiel en offrant une présence réconfortante. Le simple fait d'être entouré de personnes qui comprennent la douleur de la perte et qui sont prêtes à écouter peut-être apaisant.

Le soutien social crée un filet de sécurité émotionnel qui prévient l'isolement en rappelant aux personnes en deuil qu'elles ne sont pas seules dans leur douleur. Il leur offre un espace pour partager leurs émotions, même les plus sombres, sans craindre d'être jugées. Le simple fait de pouvoir exprimer sa tristesse, sa colère ou sa confusion peut être libérateur.

En outre, le soutien social peut stimuler l'ouverture à de nouvelles expériences et activités. Les personnes en deuil peuvent être réticentes à participer à des événements sociaux ou à chercher de nouvelles amitiés, mais lorsque leur entourage les encourage et les accompagne, cela peut contribuer à briser le cycle de l'isolement. Par exemple, les amis de Jean l'ont encouragé à rejoindre un groupe de soutien en deuil où il a pu rencontrer d'autres personnes vivant des expériences similaires. Cette nouvelle connexion sociale a contribué à rompre son isolement et à lui offrir un soutien émotionnel précieux.

En somme, le soutien social joue un rôle fondamental en empêchant l'isolement des personnes en deuil. Il offre un filet de sécurité émotionnel qui prévient la solitude, fournit un espace pour exprimer les émotions, encourage l'ouverture à de nouvelles expériences, et contribue ainsi au processus de guérison. Dans les sections à venir de ce chapitre, nous explorerons plus en détail comment demander et accepter de l'aide, ainsi que les erreurs courantes à éviter lorsqu'on apporte du soutien aux personnes en deuil, dans le but de créer un environnement de soutien solide et compatissant autour de ceux qui en ont besoin pendant leur voyage de deuil.

4. La Normalisation de l'Expérience du Deuil :

En effet, le soutien social joue un rôle de normalisation crucial dans le processus de deuil. Lorsque des personnes en deuil se trouvent entourées de soutien et d'empathie, elles reçoivent un message puissant : leur douleur est une réaction naturelle à une perte significative, et ce qu'elles ressentent est valide et légitime. Cette validation est essentielle pour leur permettre de traverser le deuil de manière saine et constructive.

Prenons l'exemple de Claire, qui a perdu son fils dans un accident tragique. Claire se sent submergée par un tourbillon d'émotions, allant de la colère à la tristesse profonde. Au sein d'un groupe de soutien pour parents en deuil, elle partage ses expériences avec d'autres personnes qui ont également perdu un enfant. En entendant leurs récits, Claire réalise que ses émotions sont partagées par d'autres, que sa douleur est partagée par d'autres. Cette prise de conscience normalise sa propre expérience et la rassure sur le fait qu'elle n'est pas seule à ressentir de telles émotions.

La normalisation par le biais du soutien social renforce également le sentiment d'espoir. En entendant les histoires de ceux qui ont traversé des deuils similaires et qui ont réussi à se reconstruire, les personnes en deuil peuvent trouver de l'inspiration et de l'espoir pour leur propre cheminement. Elles comprennent que le deuil, bien que douloureux, n'est pas une impasse. Il peut être un passage vers une guérison et un rétablissement progressif.

De plus, la normalisation du deuil peut aider à réduire la stigmatisation qui peut entourer cette expérience. Dans certaines cultures ou sociétés, le deuil peut être mal compris ou minimisé, ce qui peut isoler davantage les personnes en deuil. Le soutien social contribue à briser ces stéréotypes et à sensibiliser les autres à la réalité du deuil.

En fin de compte, le soutien social qui normalise l'expérience du deuil offre un cadre réconfortant dans lequel les personnes en deuil peuvent se reconnaître et se sentir validées. Il leur permet de traverser leur deuil avec une perspective d'espoir et de guérison, tout en contribuant à une société plus compatissante et empathique envers ceux qui vivent cette expérience. Dans les sections à venir de ce chapitre, nous explorerons comment demander et accepter de l'aide, ainsi que les erreurs courantes à éviter lorsqu'on apporte du soutien aux personnes en deuil, dans le but de créer un environnement de soutien solide et compatissant autour de ceux qui en ont besoin pendant leur voyage de deuil.

En résumé, le soutien social est un pilier fondamental pour ceux qui traversent le deuil. Il offre un espace pour partager des émotions, un soutien émotionnel et pratique, une défense contre l'isolement, et une normalisation de l'expérience du deuil. Dans les sections à venir de ce chapitre, nous explorerons comment demander et accepter de l'aide, ainsi que les erreurs courantes à éviter dans le soutien aux personnes en deuil. Notre objectif est de fournir des conseils pratiques pour créer un environnement de soutien solide et compatissant autour de ceux qui en ont besoin pendant leur voyage de deuil.

Dans cette deuxième partie du chapitre sur le soutien social et émotionnel, nous allons explorer un aspect essentiel du processus de deuil : comment demander et accepter de l'aide. Il est crucial de comprendre que le soutien social est disponible, mais parfois, les personnes en deuil peuvent hésiter à le solliciter. Nous allons donc examiner pourquoi il est important de demander de l'aide, comment le faire de manière efficace et les erreurs courantes à éviter.

Pourquoi demander de l'aide ?

Demander de l'aide lorsqu'on est en deuil peut être difficile, car cela peut donner l'impression d'être vulnérable ou d'imposer son fardeau aux autres. Cependant, il est crucial de comprendre que demander de l'aide est un acte de courage et de responsabilité envers sa propre santé mentale et émotionnelle.

L'exemple de Sophie, que nous avons évoqué précédemment, illustre cela. Après la perte de son mari, Sophie a d'abord essayé de tout gérer seule. Mais elle a rapidement réalisé que la douleur et le stress de la situation étaient accablants. En sollicitant l'aide de ses amis et de sa famille, elle a pu partager le fardeau émotionnel et logistique, ce qui a allégé sa charge.

Comment demander de l'aide de manière efficace :

1. Identifiez vos besoins : Avant de demander de l'aide, il est important de réfléchir à ce dont vous avez réellement besoin. Cela peut inclure un soutien émotionnel, de l'aide pour les tâches ménagères, ou simplement une oreille attentive pour écouter vos pensées et vos émotions.

2. Communiquez clairement : Lorsque vous demandez de l'aide, soyez clair et spécifique dans votre demande. Par exemple, au lieu de dire "J'ai besoin d'aide", vous pouvez dire : "Je me sens très triste en ce moment, et j'apprécierais si tu pouvais venir me rendre visite demain pour discuter."

3. Identifiez vos sources de soutien : Identifiez les personnes de votre entourage sur lesquelles vous pouvez compter. Ce peuvent être des amis, des membres de la famille, ou même des groupes de soutien en deuil.

4. Soyez ouvert aux différentes formes de soutien : Le soutien peut prendre de nombreuses formes. Soyez ouvert à différentes manières dont les gens peuvent vous aider, même si cela ne correspond pas exactement à ce que vous aviez en tête.

Erreurs courantes à éviter :

1. Attendre que les autres devinent vos besoins : Les proches ne sont pas toujours en mesure de deviner ce dont vous avez besoin. N'hésitez pas à communiquer clairement vos besoins.

2. Se replier sur soi-même : Le deuil peut parfois inciter à l'isolement. Évitez de vous replier sur vous-même et de refuser toute aide. Le soutien social est précieux.

3. Refuser systématiquement l'aide : Parfois, les personnes en deuil peuvent se sentir coupables de déranger les autres. Cependant, les amis et la famille veulent souvent aider. Refuser systématiquement l'aide peut isoler davantage.

En conclusion, demander et accepter de l'aide est un aspect crucial du processus de deuil. Il permet de partager le fardeau émotionnel et logistique, ce qui peut favoriser le processus de guérison. Il est important de comprendre pourquoi demander de l'aide est essentiel, comment le faire efficacement, et les erreurs à éviter pour créer un environnement de soutien solide et compatissant autour de ceux qui en ont besoin pendant leur voyage de deuil.

Les erreurs courantes à éviter dans le soutien aux personnes en deuil

Dans cette troisième partie du chapitre sur le soutien social et émotionnel, nous allons explorer certaines des erreurs courantes à éviter lorsqu'on apporte du soutien aux personnes en deuil. Bien que l'intention soit souvent bienveillante, il est important de comprendre que le soutien maladroit ou inapproprié peut parfois avoir des conséquences néfastes. Voici quelques-unes des erreurs à éviter :

1. Minimiser ou nier la douleur : Une erreur fréquente est de minimiser la douleur de la personne en deuil en utilisant des phrases telles que "Tout ira mieux avec le temps" ou "Au moins, il/elle ne souffre plus." Bien que ces intentions soient bonnes, elles peuvent faire sentir à la personne en deuil que sa douleur n'est pas prise au sérieux.

Exemple : Claire, qui a perdu son fils, se sent incomprise lorsque ses amis essaient de la réconforter en minimisant sa douleur. Elle préférerait qu'on lui offre simplement une oreille attentive pour partager ses émotions.

2. Éviter la personne en deuil : Parfois, les gens peuvent se sentir mal à l'aise face à la douleur d'une personne en deuil et choisir de l'éviter plutôt que de lui offrir un soutien. Cette erreur peut renforcer l'isolement de la personne en deuil.

Exemple : Jean, qui a perdu sa femme, a remarqué que certains de ses amis ont commencé à l'éviter après la perte. Cela l'a fait se sentir encore plus seul dans sa douleur.

3. Donner des conseils non sollicités : Offrir des conseils non sollicités peut être délicat. Les personnes en deuil ont souvent besoin d'exprimer leur douleur plutôt que de recevoir des solutions à leurs problèmes.

Exemple : Sophie, qui a perdu son mari, se sent frustrée lorsque ses amis lui donnent des conseils sur la manière de faire face à sa douleur. Elle préférerait qu'ils l'écoutent sans essayer de résoudre ses problèmes.

4. Comparer les deuils : Il est préférable d'éviter de comparer le deuil de quelqu'un d'autre à une expérience similaire que vous ou quelqu'un d'autre avez vécue. Chaque deuil est unique, et les comparaisons peuvent minimiser la douleur de la personne en deuil.

Exemple : David, qui a perdu son père, se sent agacé lorsque son ami lui dit : "Je comprends ce que tu ressens, j'ai perdu ma grand-mère il y a quelques mois." Cette comparaison ne reflète pas la singularité de son deuil.

5. Dire "Je suis désolé" et s'arrêter là : Dire simplement "Je suis désolé" peut sembler insuffisant pour la personne en deuil. Il est important de montrer une réelle empathie en écoutant, en posant des questions ou en offrant une aide concrète.

Exemple : Sarah, qui a perdu son frère, se sent blessée lorsque ses collègues se contentent de lui dire "Je suis désolé" sans lui offrir de soutien supplémentaire.

6. Attendre que la personne en deuil demande de l'aide : Parfois, les personnes en deuil peuvent être trop submergées par leur douleur pour demander de l'aide. Il est souvent préférable d'offrir de l'aide de manière proactive.

Exemple : Marc, qui a perdu sa mère, n'ose pas demander de l'aide à ses amis, même s'il en aurait besoin. Il apprécierait que ses amis lui proposent leur aide spontanément.

Dans ce chapitre sur le soutien social et émotionnel dans le contexte du deuil, nous avons exploré l'importance cruciale du soutien social pour les personnes en deuil. Le deuil est un voyage émotionnel complexe, et le soutien social joue un rôle essentiel dans le processus de guérison. Voici les points clés à retenir de ce chapitre :

1. Le soutien social est essentiel au deuil : Le deuil est une expérience émotionnelle profonde et parfois accablante. Le soutien social offre un espace pour partager ces émotions avec d'autres personnes qui comprennent et peuvent compatir. Il permet aux personnes en deuil de ne pas se sentir seules dans leur douleur.

2. Le soutien social prend de nombreuses formes : Le soutien social ne se limite pas à l'écoute des émotions. Il peut également prendre des formes pratiques, comme l'aide avec les tâches quotidiennes ou les décisions importantes. Il crée un filet de sécurité émotionnel qui empêche les personnes en deuil de s'enfermer dans la solitude.

3. Le soutien social normalise l'expérience du deuil : Savoir que d'autres ont traversé des sentiments similaires et ont survécu au deuil peut apporter un sentiment de validation et d'espoir. Le soutien social rappelle aux personnes en deuil que leur douleur est une réaction naturelle à une perte significative.

4. Demander et accepter de l'aide est important : Les personnes en deuil peuvent hésiter à demander de l'aide, mais c'est un acte de courage et de responsabilité envers leur propre santé mentale et émotionnelle. Il est essentiel de communiquer clairement ses besoins et de solliciter le soutien nécessaire.

5. Erreurs courantes à éviter dans le soutien aux personnes en deuil : Certaines erreurs, telles que minimiser la douleur de la personne en deuil ou éviter de lui offrir du soutien, peuvent avoir des conséquences néfastes. Il est important d'offrir un soutien empathique,

d'éviter les comparaisons de deuils, et de ne pas attendre que la personne en deuil demande de l'aide.

En résumé, le soutien social et émotionnel est une composante vitale du processus de deuil. Il permet aux personnes en deuil de traverser leur douleur, de normaliser leur expérience, et de trouver de l'espoir dans le fait que d'autres ont surmonté des deuils similaires. Il est également essentiel que ceux qui offrent du soutien soient conscients des erreurs courantes à éviter pour créer un environnement de soutien solide et compatissant autour des personnes en deuil. Dans les chapitres suivants, nous explorerons davantage de stratégies pour aider les personnes en deuil à faire face à leur perte et à avancer dans leur processus de guérison.

Chapitre 4 : La Communication en Deuil

Dans ce nouveau chapitre, intitulé "La Communication en Deuil", nous allons plonger dans l'importance cruciale de la communication pendant le processus de deuil. La perte d'un être cher est une expérience complexe et émotionnelle, et la manière dont nous communiquons nos émotions, nos besoins et notre soutien peut avoir un impact profond sur notre capacité à traverser cette période difficile.

Le deuil n'est pas seulement un voyage individuel, c'est aussi un voyage qui peut toucher profondément nos relations avec les autres. Il pose des défis particuliers en matière de communication, car il faut exprimer des émotions parfois intenses, comprendre les besoins changeants de chaque personne en deuil, et trouver des moyens de soutenir ceux qui souffrent.

Dans ce chapitre, nous explorerons les aspects suivants de la communication en deuil :

1. Les défis de la communication en deuil : Le deuil peut entraîner des émotions complexes, telles que la tristesse, la colère, la confusion et la culpabilité. Comment communiquer ces émotions aux autres de manière saine et constructive ? Nous aborderons les obstacles qui se dressent souvent sur le chemin de la communication en deuil et vous donnerons des outils pour les surmonter.

2. La communication avec les enfants en deuil : Les enfants vivent le deuil de manière unique, et leur capacité à comprendre et à exprimer leurs émotions varie en fonction de leur âge. Comment parler du deuil avec les enfants de manière appropriée et rassurante ? Nous partagerons des conseils sur la manière de soutenir les enfants en deuil tout en les aidant à comprendre et à faire face à leur propre chagrin.

3. L'importance de l'écoute active et de l'empathie : Dans les moments de deuil, l'écoute active et l'empathie sont des compétences essentielles. Comment être un auditeur compatissant pour ceux qui vivent le deuil ? Nous explorerons les façons d'offrir un soutien émotionnel efficace en étant présent, en posant des questions ouvertes et en montrant une véritable compréhension et compassion.

À travers des exemples concrets et des conseils pratiques, ce chapitre vous aidera à développer des compétences de communication essentielles pour soutenir les personnes en deuil, qu'il s'agisse de vous-même ou de quelqu'un que vous aimez. La communication en deuil est une étape cruciale vers la compréhension, le soutien mutuel et la guérison, et nous explorerons comment l'aborder de manière bienveillante et constructive.

Dans cette première partie du chapitre 4, "La Communication en Deuil", nous allons explorer les défis complexes que peuvent rencontrer les personnes en deuil lorsqu'elles essaient de communiquer leurs émotions, leurs besoins et leur douleur. La perte d'un être cher suscite souvent des émotions intenses et variées, et trouver les mots justes pour exprimer ces sentiments peut être tout un défi. Voici quelques-uns des défis les plus courants que l'on peut rencontrer lors de la communication en deuil :

1. L'expression de la douleur : Le deuil est une expérience profondément émotionnelle qui peut plonger les personnes dans un tourbillon d'émotions intenses et souvent complexes. La douleur qui accompagne la perte d'un être cher peut être écrasante, mais elle est également parfois difficile à exprimer en mots. Cette difficulté à mettre des mots sur la douleur est l'un des défis les plus courants que rencontrent les personnes en deuil, et elle peut avoir un impact significatif sur leur capacité à communiquer et à recevoir du soutien.

Pourquoi la douleur du deuil est-elle difficile à exprimer ?

Il est essentiel de comprendre pourquoi la douleur du deuil peut être si difficile à exprimer. Plusieurs facteurs contribuent à cette difficulté :

Complexité émotionnelle : Le deuil est rarement une expérience caractérisée par une seule émotion. Au contraire, il peut engendrer un mélange complexe de sentiments, notamment la tristesse, la colère, la culpabilité, le choc et même parfois le soulagement. Cette variété d'émotions peut rendre difficile la communication de la douleur, car il n'est pas toujours simple de déterminer quel sentiment prédomine à un moment donné.

Incompréhension : Les personnes en deuil peuvent avoir du mal à comprendre elles-mêmes pourquoi elles ressentent ce qu'elles ressentent. Elles peuvent se demander pourquoi elles éprouvent certaines émotions ou pourquoi leur douleur prend parfois des formes inattendues.

Peur de l'incompréhension : Les personnes en deuil craignent souvent que les autres ne comprennent pas ce qu'elles traversent. Elles peuvent redouter d'être jugées, minimisées ou mal comprises, ce qui les amène à garder leur douleur pour elles-mêmes.

Difficulté à mettre en mots La douleur du deuil est souvent une expérience intérieure profonde et abstraite, ce qui la rend difficile à mettre en mots. Les mots peuvent sembler insuffisants pour décrire la profondeur de la perte et de la tristesse.

Exemple :
Prenons l'exemple de Julie, qui a perdu sa mère après une longue lutte contre une maladie grave. Julie se sent submergée par le chagrin, mais elle a du mal à expliquer à ses amis à quel point sa mère lui manque réellement. Elle se sent frustrée et confuse par son incapacité à décrire cette douleur de manière claire, et elle craint que ses amis ne la comprennent pas complètement.

2. La gestion des émotions contradictoires : Le deuil est une expérience émotionnelle profonde et complexe qui peut générer un éventail d'émotions contradictoires. Les personnes en deuil peuvent se retrouver à jongler avec ces sentiments contradictoires, ce qui peut être déconcertant et parfois déroutant. Il est essentiel de comprendre cette complexité émotionnelle pour favoriser une communication efficace et empathique pendant le processus de deuil.

La Tristesse : La tristesse est l'émotion centrale du deuil. Elle découle de la perte d'un être cher et peut être écrasante. Les personnes en deuil peuvent se sentir submergées par la tristesse, ce qui rend parfois difficile l'expression de cette émotion.

La Colère : La colère est une émotion courante en deuil, bien que souvent mal comprise. Les personnes en deuil peuvent ressentir de la colère envers la personne décédée, envers elles-mêmes, envers les autres ou même envers le destin. Il est important de reconnaître et de valider cette colère plutôt que de la réprimer.

La Culpabilité : La culpabilité est une émotion complexe en deuil. Les personnes en deuil peuvent se sentir coupables de ne pas avoir fait assez, d'avoir ressenti de la colère envers la personne décédée, ou même de survivre lorsque leur être cher n'a pas survécu. Cette culpabilité peut être accablante.

Le Soulagement : Le soulagement est une émotion moins souvent discutée en deuil, mais elle peut survenir, notamment lorsque la personne décédée souffrait d'une maladie grave. Les personnes en deuil peuvent se sentir coupables de ressentir ce soulagement, mais il est important de reconnaître que c'est une réaction naturelle à la fin de la souffrance.

Exemple :
Prenons l'exemple de David, qui a perdu son père après une longue lutte contre le cancer. David ressent à la fois une profonde tristesse et une colère intense envers la maladie qui a pris son père. Il se sent également coupable de ressentir un certain soulagement que la souffrance de son père soit terminée. Cette complexité émotionnelle le pousse à garder ses sentiments pour lui-même, car il craint que les autres ne le comprennent pas.

Il est essentiel de reconnaître que ces émotions contradictoires sont normales et font partie intégrante du processus de deuil. En tant que proches ou amis d'une personne en deuil, il est crucial d'être attentif à ces émotions et de les accueillir sans jugement. L'écoute empathique et la validation des émotions peuvent aider les personnes en deuil à mieux comprendre et à exprimer leur douleur complexe.

Dans les prochains chapitres, nous explorerons des techniques pour faciliter la communication autour de ces émotions contradictoires, en encourageant les personnes en deuil à s'exprimer de manière ouverte et en créant un espace sûr pour leur permettre de partager leurs sentiments sans réserve.

3. Les malentendus et la stigmatisation : Il est malheureusement vrai que les réactions émotionnelles des personnes en deuil sont parfois mal comprises ou mal acceptées par ceux qui les entourent. Cette incompréhension peut mener à des malentendus et même à la stigmatisation, ce qui rend la communication autour du deuil encore plus difficile. En tant que psychologue spécialisé dans le deuil, il est important de sensibiliser à ce problème et de fournir des conseils pour mieux comprendre et soutenir les personnes en deuil.

Pourquoi les réactions émotionnelles en deuil sont-elles mal comprises ?

Il existe plusieurs raisons pour lesquelles les réactions émotionnelles en deuil peuvent être mal comprises :

Société et culture : Les sociétés et les cultures ont souvent des normes et des attentes spécifiques en matière de deuil. Par exemple, certaines cultures peuvent attendre des personnes en deuil qu'elles restent stoïques et cachent leurs émotions, tandis que d'autres peuvent encourager l'expression ouverte de la douleur. Cela crée un décalage entre les attentes culturelles et les réactions individuelles.

Manque de sensibilisation : Le deuil est une expérience universelle, mais il y a souvent un manque de sensibilisation à ses nombreuses facettes. Les personnes qui n'ont pas traversé un deuil intense peuvent avoir du mal à comprendre à quel point il peut être dévastateur.

Incompréhension des émotions contradictoires : Comme mentionné précédemment, le deuil peut engendrer un mélange complexe d'émotions contradictoires, ce qui peut sembler déconcertant pour ceux qui n'ont pas fait l'expérience du deuil. La colère, la culpabilité, le soulagement et la tristesse peuvent coexister, ce qui peut être difficile à comprendre pour les autres.

Exemple :
Prenons l'exemple de Marie, qui a perdu son frère aîné dans un accident tragique. Marie a eu du mal à exprimer sa colère face à la perte de son frère, même si elle l'aimait profondément. Ses amis, bien intentionnés mais mal informés, ont du mal à comprendre pourquoi elle est si en colère alors qu'elle devrait être triste. Cette incompréhension crée un fossé entre Marie et ses amis, ce qui rend la communication difficile.

4. La peur de surcharger les autres : Il est tout à fait compréhensible que les personnes en deuil puissent hésiter à parler de leur douleur de manière ouverte. Cette hésitation découle souvent de la peur de surcharger leurs proches, de les repousser ou de les rendre mal à l'aise. Cette crainte est une réaction naturelle, mais il est essentiel de rappeler aux personnes en deuil que la communication est un élément clé du processus de guérison.

Pourquoi les personnes en deuil hésitent-elles à parler de leur douleur ?

Plusieurs raisons peuvent expliquer cette réticence à communiquer ouvertement sa douleur en deuil :

Peur de surcharger les autres : Les personnes en deuil peuvent se sentir coupables de partager leur douleur, pensant qu'elles créent une charge émotionnelle pour leur entourage déjà préoccupé par leur propre douleur.

Peur de repousser les autres : La douleur en deuil peut être intense et déconcertante. Les personnes en deuil peuvent craindre que leurs émotions repoussent leurs proches, les éloignant au lieu de les rapprocher.

Crainte de rendre les autres mal à l'aise : Les discussions ouvertes sur le deuil peuvent être difficiles à aborder pour les amis et la famille qui ne savent pas toujours comment réagir. Les personnes en deuil peuvent craindre de mettre les autres mal à l'aise.

Exemple :

Imaginons Claire, qui a récemment perdu son mari. Claire a besoin de parler de sa douleur et de partager ses souvenirs pour faire face à son deuil. Cependant, elle hésite à le faire avec ses amis et sa famille, craignant de les accabler avec ses émotions et de les faire se sentir mal à l'aise. Cette réticence à communiquer peut laisser Claire seule dans sa douleur, l'empêchant de trouver le soutien dont elle a besoin.

Il est crucial de rappeler aux personnes en deuil que la communication ouverte et honnête est précieuse. Les proches, bien que parfois maladroits dans leur soutien, sont souvent désireux d'aider, mais ils ont besoin de directives claires sur la manière de le faire. Dans les chapitres à venir, nous explorerons des stratégies pour aider les personnes en deuil à communiquer leur douleur de manière efficace, tout en guidant leurs proches sur la meilleure façon de fournir un soutien attentif. Le partage de la douleur peut renforcer les liens et favoriser un processus de deuil plus sain et plus complet.

5. La communication interrompue : Il est tout à fait normal que la douleur du deuil puisse parfois entraver la communication. Les émotions intenses et la tristesse profonde peuvent rendre difficile l'expression des besoins et des émotions. Cela peut se manifester de plusieurs manières :

Retrait émotionnel : Les personnes en deuil peuvent se retirer émotionnellement, devenant moins communicatives et moins réactives aux sollicitations des autres. Elles peuvent se replier sur elles-mêmes pour tenter de faire face à leur douleur.

Difficulté à exprimer les émotions : La douleur en deuil peut être si écrasante que les mots semblent insuffisants pour la décrire. Les personnes en deuil peuvent avoir du mal à mettre en mots ce qu'elles ressentent, ce qui peut les frustrer.

Peur de la vulnérabilité : La communication en deuil peut impliquer de montrer sa vulnérabilité, ce qui peut être effrayant pour certaines personnes. Elles peuvent craindre de paraître faibles ou d'être jugées si elles partagent ouvertement leur douleur.

Exemple :
Prenons l'exemple de Marc, qui a perdu son fils dans un accident tragique. Marc est submergé par la douleur et la culpabilité, mais il a du mal à en parler avec sa femme, Sophie. Il se replie émotionnellement, évitant les conversations sur le deuil parce qu'il craint que cela ne rende Sophie triste ou mal à l'aise. Cette difficulté à communiquer laisse Marc et Sophie seuls avec leur chagrin, sans pouvoir se soutenir mutuellement comme ils le souhaitent.

Dans les prochains chapitres, nous explorerons des stratégies pour aider les personnes en deuil à surmonter ces obstacles à la communication. Il est essentiel de créer un espace où les personnes en deuil se sentent en sécurité pour partager leurs émotions, même lorsque cela semble difficile. La communication ouverte est un élément essentiel du processus de deuil, et il est possible d'apprendre à l'aborder de manière plus constructive.
Exemple : Marie, qui a perdu sa mère, se renferme sur elle-même et a du mal à parler de sa douleur avec ses proches. Cette communication interrompue nuit à sa capacité à recevoir du soutien.

La communication avec les enfants en deuil

La communication avec les enfants en deuil est une dimension particulièrement délicate du processus de deuil. Les enfants, qu'ils soient jeunes ou adolescents, vivent et ressentent la perte d'une manière unique, souvent très différente de celle des adultes. Il est essentiel d'aborder cette communication avec sensibilité et compréhension.

Les défis de la communication avec les enfants en deuil :

1. Compréhension limitée : Il est essentiel de reconnaître que les enfants plus jeunes, en raison de leur niveau de développement cognitif et émotionnel, peuvent rencontrer des difficultés à comprendre la signification profonde de la mort et du deuil. Ils peuvent poser des questions qui semblent déroutantes ou difficiles à aborder pour les adultes. Cependant, ces questions sont une opportunité précieuse pour aider les enfants à comprendre et à intégrer leur expérience de la perte.

Comprendre le niveau de développement : Pour répondre aux questions des enfants en deuil, il est important de prendre en compte leur âge et leur niveau de développement. Les jeunes enfants peuvent percevoir la mort comme quelque chose de temporaire, réversible ou magique. Ils peuvent poser des questions sur le lieu où va la personne décédée, sur la possibilité de la revoir, etc. Il est important de répondre à ces questions avec une honnêteté adaptée à leur âge, sans utiliser de termes effrayants ou trompeurs.

Exemple :

Prenons l'exemple de Thomas, un garçon de 4 ans qui a perdu son chien bien-aimé. Il demande : "Quand Rex reviendra-t-il à la maison ?" Les parents de Thomas savent que Rex est décédé, mais ils comprennent que Thomas ne comprend pas pleinement la permanence de la mort à son jeune âge. Ils pourraient répondre : "Rex ne peut pas revenir à la maison, car il est maintenant dans un endroit spécial où il ne ressent plus de douleur ni de maladie."

Compassion et réconfort : Les adultes doivent également offrir un soutien émotionnel et du réconfort aux enfants en deuil. Les câlins, les paroles rassurantes et la validation de leurs émotions sont essentiels pour les aider à traverser cette période difficile.

Éducation continue : Enfin, il est important de maintenir une communication ouverte avec les enfants en deuil au fil du temps. Le deuil est un processus qui évolue, et les questions et les émotions des enfants peuvent changer à mesure qu'ils grandissent. Les adultes doivent être prêts à répondre à leurs besoins en cours de route.

Dans le prochain chapitre, nous explorerons davantage les stratégies pour soutenir la communication avec les enfants en deuil, en mettant l'accent sur la compassion et l'honnêteté adaptée à leur niveau de développement.

2. Peur et anxiété : Il est tout à fait normal pour les enfants en deuil de ressentir de la peur et de l'anxiété, car la mort peut être une expérience effrayante et déroutante, surtout pour les jeunes esprits en développement. Ces sentiments de peur et d'anxiété peuvent se manifester de plusieurs manières, et il est important que les adultes qui les entourent soient sensibles à ces préoccupations et y répondent avec compassion et compréhension.

Compréhension des peurs des enfants : Les enfants peuvent avoir des peurs spécifiques liées à la mort. Ils peuvent craindre que d'autres personnes qu'ils aiment ne meurent également. Cela peut être particulièrement vrai s'ils ont perdu un membre de leur famille ou un ami proche. Les adultes doivent être prêts à rassurer les enfants en leur expliquant que la mort n'est pas contagieuse et que chaque personne est unique.

Exemple :

Supposons qu'Emma, une fillette de 8 ans, ait perdu sa grand-mère. Elle peut commencer à craindre que d'autres membres de sa famille puissent mourir aussi. Les adultes autour d'elle peuvent dire : "Nous comprenons que tu te sentes inquiète, Emma. Il est normal de s'inquiéter lorsque quelqu'un que l'on aime décède. Cependant, il est important de se rappeler que la mort de grand-mère n'a rien à voir avec la santé des autres membres de la famille."

Responsabilité de la mort : Les enfants peuvent également développer des idées irrationnelles sur leur propre responsabilité dans la mort de la personne décédée. Ils peuvent penser qu'ils ont fait quelque chose de mal pour causer cette perte. Il est crucial de les rassurer et de leur expliquer que la mort est généralement due à des causes naturelles ou médicales, et qu'ils ne portent aucune responsabilité dans cet événement.

Exemple :

Supposons que Lucas, un garçon de 6 ans, ait perdu son grand-père. Il peut se sentir coupable, pensant que s'il avait passé plus de temps avec lui, son grand-père ne serait pas mort. Les adultes peuvent dire : "Lucas, il est normal de se sentir triste lorsque quelqu'un que l'on aime décède. Mais tu n'as pas provoqué la mort de ton grand-père. La maladie a causé son décès, et tu as été une personne aimante pour lui."

Soutien et réconfort : Pour aider les enfants à faire face à leurs peurs et à leurs anxiétés liées à la mort, il est essentiel de leur offrir un soutien émotionnel constant. L'écoute attentive, l'encouragement à poser des questions et la validation de leurs émotions sont des moyens importants pour les aider à traverser cette période difficile.

3. Émotions intenses : Comprendre et naviguer à travers les émotions des enfants en deuil est essentiel pour établir une communication efficace avec eux. Comme vous l'avez mentionné, les émotions des enfants peuvent être intenses et changeantes, ce qui peut rendre leur expression parfois complexe. Voici comment les adultes peuvent aborder la communication avec des enfants en deuil en tenant compte de ces fluctuations émotionnelles :

1. Créer un espace sûr : Il est essentiel que les enfants se sentent en sécurité pour exprimer leurs émotions. Créez un environnement où ils se sentent à l'aise pour partager leurs sentiments, sans crainte de jugement. Soyez attentif à leur besoin de parler ou de se taire, de pleurer ou de se calmer.

Exemple : Si Sarah, une adolescente en deuil de sa mère, semble triste un jour et en colère le lendemain, son père peut dire : "Sarah, je suis là pour toi, peu importe ce que tu ressens. Si tu veux en parler, je t'écoute. Si tu as besoin d'être seule, je comprends aussi."

2. Écouter activement : L'écoute active est cruciale pour comprendre les émotions changeantes des enfants. Posez des questions ouvertes pour les encourager à s'exprimer davantage. Répétez ce qu'ils disent pour montrer que vous les avez entendus et compris. Ne les interrompez pas et évitez de prodiguer immédiatement des conseils ou des solutions.

Exemple : Si Max, un garçon en deuil de son animal de compagnie, exprime de la colère, sa mère peut dire : "Max, je comprends que tu sois en colère parce que tu aimais beaucoup notre chien. Peux-tu me dire ce qui te rend le plus en colère ?"

3. Valider leurs émotions : Les enfants ont besoin de savoir que leurs émotions sont valides, même si elles sont changeantes. Dites-leur que ce qu'ils ressentent est normal et compréhensible. Évitez de minimiser leurs émotions ou de leur dire de ne pas pleurer.

Exemple : Si Alex, un enfant en deuil de son grand-père, se sent confus parce qu'il passe d'une tristesse profonde à des moments de joie, son enseignant peut dire : "Alex, il est normal de ressentir toutes ces émotions différentes. Chacune d'entre elles a sa place."

4. Utiliser des métaphores et des analogies : Les enfants peuvent avoir du mal à exprimer leurs émotions en mots. Les métaphores et les analogies peuvent les aider à comprendre et à communiquer leurs sentiments de manière plus accessible.

Exemple : Pour un enfant qui a du mal à exprimer sa tristesse, vous pourriez dire : "La tristesse est comme une pluie qui tombe doucement. Parfois, elle est légère comme une bruine, et d'autres fois, elle est forte comme un orage. C'est normal d'avoir des moments de pluie."

5. Respecter leur rythme : Chaque enfant est unique, et leur processus de deuil peut varier considérablement en fonction de leur personnalité et de leur développement. Respectez leur rythme et ne les pressez pas pour "aller mieux" plus rapidement.

Exemple : Si Marie, une jeune fille en deuil de son frère, préfère s'exprimer à travers l'art plutôt que par la parole, sa mère peut lui fournir des matériaux artistiques pour lui permettre d'extérioriser ses émotions.

En suivant ces principes de communication, les adultes peuvent aider les enfants en deuil à traverser leurs émotions changeantes de manière saine et à développer leur capacité à exprimer leurs sentiments. Le prochain chapitre explorera en détail l'importance de l'écoute active et de l'empathie dans la communication en deuil.

4. Besoin de soutien : Absolument, l'importance de soutenir les enfants en deuil dans l'expression de leurs émotions ne peut être surestimée. Les enfants sont souvent confrontés à des émotions complexes et déroutantes lorsqu'ils perdent un être cher, et leur capacité à comprendre et à exprimer ces sentiments dépend de nombreux facteurs, notamment leur âge, leur développement émotionnel et leur expérience préalable du deuil.

Écouter et Valider : L'une des premières étapes essentielles dans le soutien aux enfants en deuil est de les écouter activement. Il est primordial de créer un espace où ils se sentent à l'aise de partager leurs émotions, quelles qu'elles soient. Les adultes doivent être patients, attentifs et ne pas juger. Les phrases simples telles que "Je suis là pour toi" ou "Je comprends que tu te sentes triste/énervé/confus" peuvent être réconfortantes pour les enfants.

Exemple : Si Sarah, une jeune fille en deuil de son grand-père, exprime sa tristesse, son oncle peut dire : "Je suis là, Sarah, et je veux entendre ce que tu ressens. Il est normal de se sentir triste lorsque nous perdons quelqu'un que nous aimons."

Encourager l'Expression : Pour certains enfants, l'expression artistique, comme le dessin ou l'écriture, peut être un moyen efficace de communiquer leurs émotions. Les adultes peuvent fournir des outils et des matériaux pour aider les enfants à exprimer ce qu'ils ressentent de manière créative.

Exemple : James, un garçon en deuil de son chien, pourrait être encouragé à dessiner ou à écrire une lettre à son animal de compagnie pour exprimer son chagrin et son amour.

Respecter les Différences : Chaque enfant est unique, et il est essentiel de respecter son rythme et sa manière d'exprimer ses émotions. Certains enfants parleront ouvertement de leur douleur, tandis que d'autres pourraient préférer le faire de manière plus privée. Les adultes doivent être flexibles et s'adapter aux besoins individuels de chaque enfant.

Exemple : Pour Emma, une adolescente en deuil de son ami, sa mère peut respecter son besoin de passer du temps seule à réfléchir et à pleurer, tout en lui rappelant qu'elle est là si elle veut parler.

Enseigner la Gestion Emotionnelle : Pour les enfants plus âgés, il peut être utile de leur enseigner des techniques de gestion émotionnelle telles que la respiration profonde, la méditation ou la relaxation. Ces compétences peuvent les aider à faire face à leurs émotions de manière constructive.

Exemple : Un psychologue scolaire peut enseigner à Thomas, un adolescent en deuil de son professeur, des exercices de respiration pour l'aider à se calmer lorsqu'il se sent submergé par la tristesse.

L'objectif principal est de permettre aux enfants en deuil de comprendre que leurs émotions sont normales et qu'il est acceptable de les exprimer. Cela favorise un processus de deuil sain et renforce leur capacité à faire face aux défis émotionnels qui se présentent à eux.

La communication avec les enfants en deuil nécessite une approche adaptée à leur niveau de développement et à leurs besoins émotionnels. Dans le chapitre à venir, nous explorerons des techniques spécifiques pour aider les adultes à soutenir les enfants en deuil dans leur processus de guérison. La compréhension et la compassion sont essentielles pour aider les plus jeunes à traverser cette période difficile de leur vie.

L'importance de l'écoute active et de l'empathie

Dans la communication en deuil, l'écoute active et l'empathie jouent un rôle central. Ils sont des éléments fondamentaux pour établir des liens significatifs avec les personnes en deuil, qu'il s'agisse d'adultes ou d'enfants. L'écoute active et l'empathie montrent aux personnes en deuil que leurs émotions sont importantes et valables, ce qui peut contribuer à leur processus de guérison.

L'Écoute Active : L'écoute active est en effet une compétence fondamentale pour la communication en deuil. Elle repose sur l'idée que la personne en deuil a besoin de se sentir entendue, comprise et respectée. Voici quelques éléments clés de l'écoute active et comment elle peut être appliquée dans le contexte du deuil :

1. Prêter une attention totale : L'écoute active commence par la présence totale de l'esprit. Cela signifie éliminer les distractions mentales et physiques, comme les téléphones portables ou les préoccupations personnelles, pour se concentrer exclusivement sur la personne en deuil.

Exemple : Lorsque Sarah, en deuil de son père, partage ses souvenirs, son ami Marc fait preuve d'écoute active en éteignant son téléphone et en lui accordant une attention ininterrompue.

2. Poser des questions ouvertes : Les questions ouvertes sont des questions qui ne peuvent pas être répondues par un simple "oui" ou "non". Elles encouragent la personne en deuil à s'exprimer davantage, à approfondir ses pensées et ses émotions.

Exemple : Lorsque Tom, qui fait face au décès de son conjoint, exprime sa confusion, son conseiller lui pose des questions ouvertes telles que : "Peux-tu m'expliquer en quoi tu es confus ?"

3. Manifester de la compréhension : L'écoute active inclut des signaux verbaux et non verbaux pour montrer que l'on comprend ce que dit la personne en deuil. Cela peut inclure des expressions faciales compatissantes, des gestes de la main et des mots d'encouragement.

Exemple : Quand Émilie partage ses sentiments de colère envers le destin cruel qui a pris son ami, son thérapeute lui montre de la compréhension en hochant la tête et en lui disant : "C'est tellement injuste, Émilie. Je peux comprendre ta colère."

4. Réfléchir sur ce qui a été dit : L'écoute active implique également de refléter les sentiments et les pensées de la personne en deuil. Cela signifie que vous résumez ou paraphrasez ce que vous avez entendu pour montrer que vous avez bien compris.

Exemple : Lorsque Carlos exprime sa tristesse face à la perte de son chien, son amie Lisa réfléchit en disant : "Il semble que la perte de ton chien ait eu un impact émotionnel profond sur toi."

En appliquant ces principes d'écoute active dans la communication en deuil, vous créez un espace de soutien où la personne en deuil se sent comprise, écoutée et acceptée. Cela favorise l'expression émotionnelle, la résolution de problèmes et le processus de guérison. L'écoute active peut être un cadeau précieux que vous offrez à quelqu'un en deuil, démontrant que vous êtes là pour elle dans ces moments difficiles.

L'Empathie : L'empathie est en effet une compétence fondamentale dans la communication en deuil. Elle va au-delà de la simple sympathie et implique une compréhension profonde et une connexion émotionnelle avec la personne en deuil. Voici comment vous pouvez cultiver et mettre en pratique l'empathie dans le contexte du deuil :

1. Écouter activement : Pour comprendre les émotions de quelqu'un en deuil, il est essentiel de prêter une écoute active et bienveillante. Cela signifie être attentif aux mots, aux expressions faciales, à la tonalité de la voix et aux gestes de la personne.

Exemple : Lorsque Marie parle de la perte de son frère, son amie Anne l'écoute attentivement, en laissant de côté ses propres préoccupations pour se concentrer sur les sentiments de Marie.

2. Valider les émotions : L'empathie consiste à reconnaître et à valider les émotions de la personne en deuil, même si elles semblent irrationnelles ou contradictoires. Cela signifie ne pas juger ni minimiser ce qu'elle ressent.

Exemple : Quand Jean exprime sa culpabilité concernant le décès de son père, son thérapeute valide ses sentiments en disant : "Il est tout à fait normal de ressentir de la culpabilité, Jean. Vous avez le droit de ressentir ce que vous ressentez."

3. Éviter de prodiguer des conseils non sollicités : Au lieu de fournir des solutions ou des conseils, l'empathie se concentre sur l'écoute et la compréhension. Les personnes en deuil ont souvent besoin d'espace pour exprimer leurs émotions plutôt que d'entendre des conseils bien intentionnés.

Exemple : Quand Thomas partage ses préoccupations concernant la gestion de la maison après le décès de sa femme, son ami Julien ne lui prodigue pas de conseils immédiats, mais écoute simplement ce qu'il a à dire.

4. Exprimer l'empathie verbalement : Pour montrer votre empathie, utilisez des mots et des expressions qui reflètent votre compréhension des émotions de la personne en deuil. Montrez que vous êtes là pour elle.

Exemple : Lorsque Sarah évoque son chagrin intense à propos de la perte de son chien, son partenaire Marc exprime son empathie en disant : "Je suis tellement désolé que tu traverses cela, Sarah. Je suis là pour toi."

En pratiquant l'empathie de manière authentique, vous créez un espace où la personne en deuil se sent écoutée, comprise et soutenue. Vous l'aidez à traverser son deuil en reconnaissant la légitimité de ses émotions. L'empathie est un moyen puissant de montrer que la personne en deuil n'est pas seule dans son parcours de guérison. C'est un cadeau précieux que vous pouvez offrir pour l'aider à traverser cette période difficile.

Valider les Émotions : La validation des émotions en deuil est une composante essentielle du soutien psychologique. Lorsque quelqu'un traverse une période de deuil, il est fréquent de ressentir toute une gamme d'émotions complexes, parfois contradictoires. L'écoute active et l'empathie sont des moyens de montrer à la personne en deuil que ses émotions sont tout à fait valables et qu'elle n'est pas seule dans ce qu'elle ressent. Voici pourquoi la validation des émotions est si cruciale :

1. Reconnaître la normalité des émotions : La perte d'un être cher est l'une des expériences les plus difficiles que l'on puisse vivre, et les émotions qui en découlent, telles que la tristesse, la colère, la confusion et la culpabilité, sont tout à fait normales. La validation signifie dire à la personne en deuil que ce qu'elle ressent est compréhensible dans ce contexte.

Exemple : Lorsque Marie exprime sa colère après la perte de son mari, son amie Louise la valide en disant : "Il est tout à fait normal de se sentir en colère lorsque l'on perd quelqu'un d'aussi cher."

2. Réduire la solitude et l'isolement : La validation des émotions permet à la personne en deuil de se sentir comprise et soutenue. Cela crée un lien émotionnel qui peut aider à lutter contre l'isolement et l'aliénation que l'on peut ressentir en période de deuil.

Exemple : Jean se sentait seul dans sa douleur après la perte de son frère. Lorsque son ami Paul a validé ses sentiments en disant simplement : "Je suis là pour toi, Jean," cela lui a apporté un grand réconfort.

3. Encourager l'expression émotionnelle : Lorsque les émotions sont validées, la personne en deuil se sent plus encline à les exprimer ouvertement. Cela peut contribuer à un processus de deuil plus sain et aider à éviter la suppression des émotions, ce qui peut entraîner des complications émotionnelles à long terme.

Exemple : Sarah a été encouragée à parler de sa tristesse et de son chagrin après la perte de son animal de compagnie, ce qui lui a permis de faire face à sa douleur de manière plus saine.

4. Promouvoir la guérison : La validation des émotions contribue à la résolution du deuil. En acceptant les émotions et en les traversant, la personne en deuil peut progressivement avancer dans son processus de guérison.

Exemple : Marc a trouvé un soutien émotionnel en partageant ses émotions avec son ami Julien. Cela l'a aidé à avancer dans son deuil après la perte de son conjoint.

En tant que proche ou professionnel de la santé mentale, la validation des émotions est un outil puissant pour aider les personnes en deuil à naviguer à travers leur chagrin. Elle permet de créer un espace sûr où les émotions peuvent être exprimées sans jugement ni répression. La validation des émotions rappelle à la personne en deuil qu'elle n'est pas seule dans sa douleur et qu'il est normal de ressentir ce qu'elle ressent. C'est un élément fondamental de l'accompagnement en deuil, qui peut grandement faciliter le processus de guérison.

Créer un Espace Sûr : L'écoute active et l'empathie sont des compétences fondamentales qui contribuent à créer un espace de communication ouvert et sécuritaire, particulièrement essentiel lorsqu'on accompagne une personne en deuil. Voici comment elles favorisent une communication honnête et authentique dans cette période difficile :

1. Création d'un environnement sûr : Lorsque l'on fait preuve d'écoute active et d'empathie, on transmet à la personne en deuil que son espace émotionnel est respecté et protégé. Cela lui permet de se sentir en sécurité pour partager ses pensées, ses émotions et ses préoccupations sans crainte de jugement.

Exemple : Marie se sentait en sécurité pour parler de sa culpabilité après le décès de son père avec son thérapeute, car elle savait qu'elle serait écoutée sans être critiquée.

2. Encouragement à s'exprimer : Lorsqu'une personne en deuil ressent qu'elle est écoutée attentivement et qu'on comprend ce qu'elle ressent, elle est plus encline à s'ouvrir et à partager ses émotions. Cette ouverture favorise une communication honnête et la possibilité de travailler sur la gestion du deuil.

Exemple : François a commencé à parler de son chagrin avec son meilleur ami qui l'écoutait avec empathie, ce qui l'a aidé à exprimer ses sentiments de manière plus constructive.

3. Établissement d'un lien de confiance : L'écoute active et l'empathie renforcent la confiance entre la personne en deuil et la personne qui l'écoute. La confiance est essentielle pour une communication honnête, car la personne en deuil doit se sentir en confiance pour partager ses émotions les plus profondes.

Exemple : Laurence a pu établir un lien de confiance avec son conseiller en deuil, ce qui lui a permis de parler de son chagrin d'une manière qu'elle n'aurait pas pu faire avec quelqu'un en qui elle n'avait pas confiance.

4. Réduction de la stigmatisation : Le respect et la compréhension que l'on manifeste grâce à l'écoute active et à l'empathie contribuent à réduire la stigmatisation entourant le deuil et les émotions qui l'accompagnent. Cela peut aider à lutter contre les préjugés sociaux qui peuvent entraver une communication honnête.

Exemple : Thomas a réussi à briser le tabou entourant le deuil masculin en partageant ses émotions avec ses amis, qui l'ont écouté avec empathie et respect.

En conclusion, l'écoute active et l'empathie sont des outils essentiels pour créer un espace où les personnes en deuil se sentent à l'aise pour partager leurs émotions les plus profondes. Elles favorisent une communication honnête, ouverte et authentique, ce qui est crucial pour accompagner efficacement une personne en deuil à travers cette période difficile. L'écoute active et l'empathie sont des compétences qui peuvent être cultivées et développées, et elles jouent un rôle clé dans le soutien aux personnes en deuil.

En fin de compte, l'écoute active et l'empathie contribuent à créer des relations de soutien solides qui sont essentielles pour aider les personnes en deuil à traverser cette période difficile. Elles montrent que l'on est prêt à partager la douleur et le fardeau émotionnel, ce qui peut apporter du réconfort et favoriser le processus de deuil.

La communication en deuil est une compétence cruciale pour accompagner efficacement une personne traversant la perte d'un être cher. Ce chapitre a exploré divers aspects de la communication en deuil, mettant en lumière les défis, les besoins et les stratégies pour faciliter une communication honnête et compatissante.

Les défis de la communication en deuil : Le deuil peut être une expérience déconcertante, accompagnée d'une gamme complexe d'émotions. Les personnes en deuil peuvent avoir du mal à exprimer leur douleur et leurs sentiments, ce qui peut entraîner de la frustration et de la confusion.

La communication avec les enfants en deuil : Les enfants, en particulier les plus jeunes, peuvent avoir du mal à comprendre la signification de la mort. Il est essentiel de répondre à leurs questions avec honnêteté et compassion, en leur fournissant un espace pour exprimer leurs émotions.

L'importance de l'écoute active et de l'empathie : L'écoute active, qui implique de prêter une attention totale à la personne qui parle, et l'empathie, qui signifie ressentir et comprendre les émotions de l'autre, sont des compétences essentielles. Elles créent un environnement sûr, encouragent l'expression émotionnelle, renforcent la confiance et réduisent la stigmatisation.

Valider les émotions : L'une des fonctions cruciales de l'écoute active et de l'empathie est de valider les émotions de la personne en deuil. Cela signifie reconnaître que ce qu'elle ressent est normal dans le contexte de la perte, ce qui peut apporter un grand réconfort et favoriser la normalisation des réactions émotionnelles.

Créer un espace pour une communication ouverte : L'écoute active et l'empathie créent un espace où les personnes en deuil se sentent en sécurité pour partager leurs pensées et leurs émotions les plus intimes. Cela favorise une communication ouverte et honnête.

En conclusion, la communication en deuil est un élément clé du processus de deuil. Elle implique l'utilisation de compétences telles que l'écoute active et l'empathie pour créer un environnement de soutien où les personnes en deuil peuvent partager leurs émotions, leurs pensées et leurs préoccupations. En favorisant une communication honnête, respectueuse et authentique, nous pouvons accompagner de manière plus efficace ceux qui font face à la perte d'un être cher, les aidant ainsi à traverser cette période difficile de leur vie.

Chapitre 5 : L'Auto-soins en Deuil - Introduction

Le deuil est un voyage émotionnellement éprouvant qui peut laisser ceux qui le traversent épuisés et vulnérables. Dans ce cinquième chapitre, nous allons explorer en profondeur une facette essentielle du processus de deuil : l'auto-soins.

5.1 Prendre soin de soi physiquement, émotionnellement et mentalement

Le deuil peut avoir un impact dévastateur sur votre bien-être physique, émotionnel et mental. Il peut vous plonger dans un tourbillon d'émotions complexes, allant de la tristesse profonde à la colère bouillonnante, de la confusion à la désillusion. Ces émotions peuvent avoir des conséquences sur votre santé mentale, votre sommeil, votre alimentation et votre niveau d'énergie. Par conséquent, ce chapitre s'attachera à détailler comment prendre soin de vous dans ces trois dimensions cruciales de votre être.

5.2 L'importance du deuil autorisé et des moments de répit

Lorsque l'on est en deuil, il est courant de se sentir submergé par la douleur, les responsabilités et les exigences de la vie quotidienne. Parfois, cela peut sembler un fardeau insurmontable. C'est pourquoi nous explorerons l'importance de laisser place à votre propre processus de deuil, d'autoriser la douleur et de vous offrir des moments de répit bien mérités. Nous discuterons de la manière de créer un espace pour le deuil tout en prenant soin de vous.

5.3 Les stratégies pour faire face au stress et à l'anxiété

Le deuil peut être une source significative de stress et d'anxiété. Les inquiétudes concernant l'avenir, les responsabilités familiales et les souvenirs douloureux peuvent vous submerger. Dans cette section, nous aborderons des stratégies pratiques pour faire face au stress et à l'anxiété qui sont fréquemment associés au deuil. Ces stratégies vous aideront à gérer ces émotions intenses de manière constructive et à préserver votre santé mentale.

Au fil de ce chapitre, nous verrons que prendre soin de vous-même pendant le deuil est non seulement essentiel pour votre bien-être, mais également une démonstration de votre force intérieure. L'auto-soins en deuil ne signifie pas que vous vous éloignez de la douleur, mais plutôt que vous créez les conditions nécessaires pour mieux la supporter. Vous découvrirez comment l'auto-soins peut être un pilier solide sur lequel vous appuyer pendant cette période difficile, vous aidant à rétablir un équilibre dans votre vie tout en honorant la mémoire de votre être cher.

Partie 1 : Prendre soin de soi physiquement, émotionnellement et mentalement

Le deuil est une expérience émotionnelle et mentale extrêmement exigeante qui peut également avoir un impact significatif sur votre bien-être physique. La perte d'un être cher peut engendrer un tourbillon d'émotions complexes, allant de la tristesse accablante à la colère brûlante, de la confusion à l'épuisement. Pour traverser ce tumulte, il est essentiel de prendre soin de vous dans les dimensions physique, émotionnelle et mentale de votre être.

Prendre soin de soi physiquement

Le deuil peut mettre à rude épreuve votre corps. Vous pouvez ressentir une fatigue profonde, un manque d'appétit, des problèmes de sommeil et une sensation générale de faiblesse. Pourtant, prendre soin de votre corps est une étape cruciale pour affronter le deuil. Voici quelques conseils pour vous aider à le faire :

1. Mangez équilibré : Même si l'appétit peut diminuer pendant le deuil, il est essentiel de nourrir votre corps avec des aliments nutritifs pour maintenir votre énergie.

2. Restez actif : L'exercice modéré peut aider à soulager le stress et à améliorer votre humeur. Une simple promenade quotidienne peut faire des merveilles.

3. Prévoyez du temps pour le repos : Le deuil peut être épuisant, alors accordez-vous suffisamment de temps de repos pour récupérer physiquement.

Prendre soin de soi émotionnellement

Les émotions liées au deuil sont souvent intenses et changeantes. Prendre soin de vous émotionnellement signifie reconnaître et exprimer ces émotions de manière saine. Voici comment :

1. Parlez de vos sentiments : Exprimer vos émotions à des amis, à un thérapeute ou par le biais de journaux intimes peut vous aider à vous sentir soulagé et compris.

2. Acceptez vos émotions : Il est normal de ressentir un large éventail d'émotions pendant le deuil. Ne vous jugez pas pour ce que vous ressentez.

3. Trouvez des activités qui vous apaisent : La méditation, le yoga et d'autres pratiques de relaxation peuvent vous aider à gérer le stress émotionnel.

Prendre soin de soi mentalement

Le deuil peut également affecter votre bien-être mental. Vous pourriez vous sentir submergé par des pensées persistantes sur la personne décédée ou sur les circonstances de la perte. Voici des moyens de prendre soin de vous mentalement :

1. Consultez un professionnel de la santé mentale : Un thérapeute peut vous aider à naviguer à travers les défis mentaux du deuil et vous fournir des outils pour faire face.

2. Pratiquez la pleine conscience : La pleine conscience, ou la méditation, peut vous aider à rester présent dans l'instant, réduisant ainsi l'anxiété liée au passé ou au futur.

3. Soyez patient avec vous-même : La guérison mentale prend du temps. Ne vous précipitez pas pour vous rétablir, mais accordez-vous la patience nécessaire.

Prendre soin de vous physiquement, émotionnellement et mentalement est essentiel pour traverser le deuil. Ces mesures vous aideront à maintenir un équilibre dans votre vie tout en honorant la mémoire de votre être cher. Dans la prochaine section, nous explorerons l'importance de permettre le deuil autorisé et des moments de répit pour vous aider à traverser ce voyage difficile.

Partie 2 : L'importance du deuil autorisé et des moments de répit

Dans le tumulte émotionnel du deuil, il est essentiel de comprendre que prendre soin de vous ne signifie pas seulement maintenir votre santé physique, émotionnelle et mentale. Cela signifie également permettre le deuil et vous offrir des moments de répit. Ces deux aspects sont cruciaux pour votre voyage de guérison.

Le deuil autorisé

Le deuil est un processus complexe, et il est important de comprendre que chacun le vit différemment. Il n'y a pas de règles strictes pour la manière de faire son deuil, et il n'y a pas de délai fixe pour sa durée. Le deuil est un voyage personnel, et il est crucial de vous autoriser à le vivre à votre rythme.

- Exprimez vos émotions : Laissez-moi insister sur l'importance capitale d'autoriser et d'accepter toutes les émotions qui surgissent pendant votre période de deuil. Comme je l'ai souvent observé dans ma pratique en tant que psychologue, le deuil est un voyage émotionnel tumultueux, et il est tout à fait normal de ressentir une gamme complexe d'émotions, qu'elles soient positives ou négatives.

La tristesse, bien sûr, est l'émotion la plus étroitement associée au deuil. La perte d'un être cher peut déclencher une profonde tristesse, un sentiment de vide, et même parfois un sentiment d'abandon. Il est essentiel de comprendre que cette tristesse est une réponse naturelle à une perte significative. Elle témoigne de l'amour et de l'attachement que vous aviez pour la personne décédée.

La colère peut également être une émotion puissante en deuil. Vous pourriez vous sentir en colère contre le destin, contre vous-même, contre la personne décédée, ou même contre le monde entier. Cette colère est souvent une manifestation de la frustration face à l'injustice de la perte. Elle peut être difficile à gérer, mais elle est tout à fait normale.

La culpabilité est une émotion fréquente en deuil. Vous pourriez vous blâmer pour des choses que vous avez dites ou faites, ou pour des choses que vous auriez pu faire différemment. Il est important de rappeler que le deuil est rarement rationnel, et que ces sentiments de culpabilité ne sont souvent pas fondés.

Le soulagement, bien que moins fréquent, peut également être une émotion en deuil. Il arrive que les personnes en deuil ressentent un soulagement lorsque la souffrance de leur être cher prend fin, surtout si cette personne a souffert pendant une longue maladie. Ce sentiment de soulagement peut être source de confusion et de culpabilité, mais il est important de le reconnaître comme une réaction naturelle.

La confusion est une émotion courante pendant le deuil. Vous pourriez vous sentir désorienté, avoir du mal à comprendre vos propres émotions ou à prendre des décisions. Cela est tout à fait normal car le deuil peut être une période de grande confusion.

Rappelez-vous que ces émotions sont des réponses naturelles à une perte significative, et il n'y a pas de « bonnes » ou de « mauvaises » émotions en deuil. Il est essentiel de les accueillir, de les accepter et de les vivre pleinement. N'essayez pas de les refouler ou de les juger. Lorsque vous les autorisez, elles peuvent suivre leur cours naturel et vous aider à progresser dans votre processus de deuil.

Pour illustrer cette idée, permettez-moi de partager l'histoire d'un de mes patients. Jean avait perdu sa femme après une longue lutte contre le cancer. Après son décès, Jean a été submergé par un mélange d'émotions, notamment la tristesse, la colère et la culpabilité. Il se sentait coupable d'avoir parfois ressenti un soulagement que la souffrance de sa femme était enfin terminée. Lorsque nous avons discuté de ces émotions en séance, Jean a commencé à comprendre qu'elles étaient toutes des réponses naturelles à sa perte, et qu'il n'avait pas à les juger. Cette prise de conscience lui a permis de mieux faire face à son deuil et de s'autoriser à vivre ces émotions sans honte ni culpabilité.

En résumé, autorisez-vous à ressentir toutes les émotions qui surgissent pendant votre deuil. Elles sont toutes une partie intégrante de ce processus de guérison complexe et personnel. En les accueillant, vous faites un pas important vers la compréhension et la résilience.

- Évitez de vous juger : Je tiens à souligner un aspect essentiel du processus de deuil : il n'y a pas de manière "correcte" ou "incorrecte" de vivre le deuil. Chacun a sa propre expérience, sa propre manière de faire face à la perte d'un être cher, et c'est tout à fait normal. Trop souvent, je vois des personnes en deuil se critiquer elles-mêmes, se comparer à d'autres ou se sentir coupables de ne pas réagir de la même manière que quelqu'un d'autre.

Il est important de rappeler que le deuil est une expérience hautement personnelle. Les émotions, les réactions et les délais varient énormément d'une personne à l'autre. Ce que vous ressentez et la manière dont vous vivez votre deuil sont uniques, et il n'y a pas de modèle universel à suivre.

Prenons l'exemple de deux amis, Sarah et Thomas, qui ont tous deux perdu un parent. Sarah a immédiatement cherché à parler de sa douleur avec ses amis et sa famille. Elle a ressenti le besoin de participer activement aux préparatifs des funérailles et a trouvé du réconfort dans le fait de partager des anecdotes sur son parent décédé. Elle s'est plongée dans des activités de groupe de soutien en deuil pour échanger avec d'autres personnes vivant la même expérience.

D'un autre côté, Thomas a eu une réaction très différente. Il a préféré se retirer, passant beaucoup de temps seul à réfléchir à sa perte. Il a ressenti le besoin de pleurer en privé et de ne pas partager ses émotions avec les autres. Thomas a choisi de faire son deuil de manière plus intérieure et solitaire.

Bien que Sarah et Thomas aient vécu leur deuil de manière radicalement différente, il est important de comprendre que les deux approches sont valables. Il n'y a pas de manière "meilleure" de vivre le deuil. Les besoins émotionnels et les mécanismes de survie diffèrent d'une personne à l'autre, et il est essentiel de respecter et d'accepter votre propre processus.

Lorsque vous vous trouvez en deuil, il peut être utile de prendre un moment pour vous rappeler cela. Ne vous jugez pas trop durement et ne comparez pas votre expérience à celle des autres. Accordez-vous la permission d'exprimer vos émotions à votre manière, que ce soit en parlant ou en gardant le silence, en partageant ou en vous retirant.

Si vous rencontrez quelqu'un qui est en deuil, rappelez-vous également de respecter sa manière de vivre cette période difficile. Offrez votre soutien et votre écoute sans jugement. Chacun a besoin d'un espace pour traverser son deuil à sa manière.

En conclusion, le deuil est une expérience unique et personnelle, et il n'y a pas de "bonne" ou de "mauvaise" façon de le vivre. Autorisez-vous à ressentir et à réagir comme vous le pouvez, sans vous critiquer ni vous comparer. Vous êtes en train de naviguer à travers une période difficile, et cela demande de la compréhension, du respect et de la patience envers vous-même.

- Accordez-vous le temps nécessaire : L'une des caractéristiques les plus déconcertantes du deuil est qu'il ne suit pas un calendrier prévisible. Il n'y a pas de date d'expiration pour la douleur, et il n'y a pas de chemin linéaire vers la guérison. Le deuil est un processus complexe et individualisé, et il est essentiel de se rappeler que chacun vit cette expérience à son propre rythme.

Imaginez deux personnes qui ont perdu un être cher en même temps. Pour l'une, la douleur et le chagrin peuvent sembler insurmontables au début. Elle peut avoir du mal à accomplir les tâches quotidiennes et à se concentrer sur quoi que ce soit d'autre que sa perte. Pour l'autre, la douleur peut être moins écrasante initialement, mais elle peut surgir de manière inattendue à différents moments.

Au fil du temps, ces deux personnes peuvent suivre des trajectoires de deuil complètement différentes. La première personne peut progressivement trouver des moyens de composer avec sa douleur, peut-être en cherchant un soutien professionnel ou en participant à des groupes de soutien. Elle peut commencer à retrouver un sentiment de normalité, bien que la perte reste toujours présente.

La deuxième personne peut vivre des vagues de chagrin intermittentes, parfois aussi intenses qu'au début. Elle peut se sentir submergée par des souvenirs et des émotions imprévisibles. Le deuil peut être un compagnon constant, même des années après la perte.

Ces deux réactions sont tout à fait normales. Le deuil ne suit pas un schéma uniforme, et il n'y a pas de « bonne » manière de le vivre. Il est important de respecter votre propre rythme et de ne pas vous précipiter pour "aller mieux". Le processus de deuil prend du temps, parfois beaucoup de temps, et cela varie en fonction de nombreux facteurs, notamment la relation avec la personne décédée, les circonstances de la perte et les ressources de soutien disponibles.

Si vous êtes en deuil, ne vous forcez pas à vous conformer à des attentes extérieures quant à la manière dont vous devriez vous sentir ou vous comporter. Vous avez le droit de ressentir votre douleur, quelle qu'elle soit, sans jugement. Il est important de vous entourer de soutien compréhensif, qu'il s'agisse d'amis, de famille ou de professionnels de la santé mentale, qui vous permettent de vivre votre deuil à votre rythme.

En résumé, ne cherchez pas à précipiter le processus de deuil, car il ne suit pas un calendrier prévisible. Respectez votre propre rythme, acceptez vos émotions et cherchez le soutien dont vous avez besoin pour traverser cette période difficile. Vous êtes unique, votre deuil l'est aussi, et il est important de l'honorer de manière authentique.

Les moments de répit

Le deuil peut être épuisant, tant sur le plan émotionnel que physique. Il est donc crucial de prendre des moments de répit pour vous ressourcer. Voici quelques moyens d'y parvenir :

- Acceptez l'aide : Lorsque vous êtes en deuil, il est naturel de ressentir une variété d'émotions et d'avoir du mal à faire face aux tâches quotidiennes. C'est à ce moment-là que le soutien de vos amis et de votre famille peut être d'une valeur inestimable. Laissez-les vous soutenir, car ils peuvent jouer un rôle essentiel dans votre processus de deuil.

Imaginez que vous êtes en deuil à la suite de la perte de votre conjoint. La tristesse et la douleur peuvent être accablantes, rendant les activités quotidiennes comme la cuisine, le ménage ou la gestion des responsabilités familiales extrêmement difficiles. Dans cette situation, vos amis et votre famille peuvent intervenir de différentes manières :

1. Aide pratique : Vos proches peuvent vous offrir de l'aide pratique en prenant en charge des tâches domestiques. Par exemple, un ami peut cuisiner des repas pour vous et votre

famille, vous évitant ainsi la charge de préparer les repas. Un membre de la famille peut aider avec le ménage ou la garde des enfants. Ces gestes concrets permettent de réduire le fardeau quotidien.

2. Soutien émotionnel : Vos amis et votre famille peuvent être des épaules sur lesquelles vous pouvez vous appuyer émotionnellement. Ils sont là pour écouter vos pensées, vos souvenirs et vos émotions, sans jugement. Parler de la personne décédée et exprimer vos sentiments peut être un élément crucial de votre processus de deuil.

3. *Accorder du temp : Lorsque vous êtes en deuil, il est essentiel de prendre des moments de détente pour vous ressourcer. Vos proches peuvent vous permettre de vous retirer et de prendre du temps pour vous-même, que ce soit pour méditer, vous promener, ou simplement vous reposer. Ces moments de répit sont précieux pour réduire le stress et l'anxiété.

4. Accompagnement dans les démarches administratives : Le décès d'un être cher s'accompagne souvent de nombreuses démarches administratives complexes. Vos amis ou membres de votre famille peuvent vous aider à gérer ces tâches administratives, telles que la gestion des papiers officiels, des assurances ou des arrangements funéraires.

5. Soutien moral : Le simple fait de savoir que vos proches sont là pour vous, qu'ils vous soutiennent dans cette période difficile, peut apporter un réconfort immense. Leur présence affectueuse peut aider à atténuer la solitude et l'isolement que l'on peut ressentir en deuil.

Il est important de communiquer vos besoins à vos amis et à votre famille. Les personnes qui vous entourent ne savent peut-être pas comment vous aider de la manière qui vous convient le mieux. En exprimant vos besoins, vous pouvez créer un espace de soutien mutuel où chacun peut contribuer de manière significative au processus de deuil.

En résumé, ne sous-estimez pas le pouvoir du soutien de vos amis et de votre famille en période de deuil. Ils peuvent vous aider de diverses manières, que ce soit en prenant en charge des tâches pratiques, en offrant un soutien émotionnel ou en vous accordant des moments de répit. Leur présence et leur soutien peuvent faire une énorme différence dans votre parcours de deuil.

- Pratiquez l'auto-compassion : Lorsque vous êtes en deuil, il est impératif de vous traiter avec la même gentillesse et compréhension que vous offririez à un ami cher qui traverse une période difficile. Vous êtes votre propre meilleur allié dans ce processus, et l'auto-soin devient d'une importance capitale pour traverser cette période de manière saine et constructive.

Imaginez que vous perdez un parent très proche, et vous êtes submergé par le chagrin et la perte. À ce moment-là, il est crucial de vous rappeler les principes suivants pour vous traiter avec compassion :

1. Écoutez-vous : Soyez à l'écoute de vos propres besoins émotionnels et physiques. Le deuil est une expérience personnelle, et il n'y a pas de bonne ou de mauvaise façon de le vivre. Si

vous ressentez le besoin de pleurer, de vous retirer ou de prendre du temps pour vous-même, faites-le. Accordez-vous la permission de ressentir vos émotions, quelles qu'elles soient.

2. Prenez soin de votre corps : Le deuil peut être physiquement épuisant. Assurez-vous de manger équilibré, de vous reposer suffisamment et de faire de l'exercice régulièrement si vous le pouvez. Prendre soin de votre santé physique peut contribuer à votre résilience émotionnelle.

3. Évitez l'auto-critique : Il est courant de se blâmer ou de ressentir de la culpabilité après la perte d'un être cher. Rappelez-vous que ces sentiments sont normaux, mais essayez de ne pas vous auto-flageller. Traitez-vous avec la même indulgence que vous le feriez avec un ami qui traverse une période difficile.

4. Recherchez du soutien : Ne vous isolez pas. Cherchez du soutien auprès de proches, d'un groupe de soutien en deuil ou d'un professionnel de la santé mentale si nécessaire. Le partage de votre douleur avec d'autres peut vous aider à mieux la comprendre et à la surmonter.

5. Faites preuve de patience : Le deuil est un processus long et complexe, et il ne suit pas un calendrier précis. Ne vous précipitez pas pour "aller mieux". Respectez votre propre rythme et ne vous mettez pas de pression pour guérir rapidement.

6. Créez des moments de répit : Accordez-vous des moments de détente et de répit. Cela peut inclure des activités qui vous apportent du réconfort, comme la lecture, la méditation, la peinture, ou simplement passer du temps dans la nature. Ces moments de répit sont essentiels pour gérer le stress et l'anxiété.

7. Faites preuve de bienveillance envers vous-même : Traitez-vous comme vous traiteriez un ami cher. Donnez-vous de l'amour, de l'acceptation et de la compréhension, même lorsque vous traversez les moments les plus sombres du deuil.

En fin de compte, le deuil est un voyage personnel et unique. Vous êtes autorisé à ressentir toutes les émotions qui surgissent, et il est essentiel de vous traiter avec douceur et compréhension. Vous méritez le même soutien et la même gentillesse que vous offririez à toute autre personne confrontée à une perte profonde. En pratiquant l'auto-soin, vous renforcez votre résilience et vous préparez à avancer dans votre vie malgré la douleur de la perte.

- Trouvez des activités relaxantes : Lorsque vous êtes en deuil, la méditation, le yoga, la lecture ou tout autre loisir que vous appréciez peuvent devenir de puissants outils pour vous aider à vous détendre et à prendre soin de vous. Ces activités peuvent jouer un rôle crucial dans votre processus de deuil en favorisant le bien-être émotionnel et mental. Voici comment ces pratiques peuvent être bénéfiques :

1. La méditation : La méditation est une pratique qui vous permet de vous recentrer sur le moment présent, de calmer votre esprit et de réduire le stress. Elle peut être

particulièrement utile pour gérer les émotions intenses qui accompagnent le deuil. En méditant régulièrement, vous pouvez apprendre à accepter vos pensées et vos émotions sans jugement, ce qui favorise la guérison.

Exemple : Imaginez que vous perdiez un être cher et que vous ressentiez un profond sentiment de tristesse. En pratiquant la méditation de pleine conscience, vous pourriez prendre quelques minutes chaque jour pour vous asseoir en silence, respirer profondément et vous concentrer sur votre ressenti émotionnel. Cela vous aiderait à mieux comprendre vos émotions et à les accepter, sans essayer de les supprimer.

2. Le yoga : Le yoga combine des postures physiques, des techniques de respiration et de la méditation. Il peut aider à soulager la tension corporelle et à améliorer la flexibilité, mais il a également un impact positif sur la santé mentale. En pratiquant le yoga, vous pouvez libérer des endorphines, les "hormones du bonheur", qui peuvent contribuer à améliorer votre humeur.

Exemple : Vous pourriez ressentir un sentiment de raideur et de tension musculaire en réaction au stress du deuil. La pratique régulière du yoga pourrait vous aider à relâcher cette tension physique tout en vous apportant un sentiment de calme intérieur.

3. La lecture : La lecture est une excellente manière de s'évader temporairement de la réalité et de se plonger dans d'autres mondes. Elle peut être une source de réconfort et d'évasion lorsque vous traversez une période difficile. Vous pouvez choisir de lire des livres qui vous inspirent, vous apportent du réconfort ou vous aident à mieux comprendre le processus de deuil.

Exemple : En lisant des récits de personnes qui ont vécu des expériences similaires de perte et de deuil, vous pourriez trouver des conseils, de la compréhension et une connexion émotionnelle. Ces lectures peuvent vous montrer que vous n'êtes pas seul dans votre douleur.

Chacune de ces activités peut être adaptée à vos besoins personnels et à vos préférences. L'essentiel est de trouver des moyens de vous détendre et de prendre soin de votre bien-être émotionnel et mental pendant cette période de deuil. Il n'y a pas de solution unique, mais en explorant différentes pratiques, vous pouvez découvrir ce qui fonctionne le mieux pour vous et intégrer ces techniques dans votre routine quotidienne d'auto-soin. Le deuil peut être un voyage éprouvant, mais avec le temps et les bonnes pratiques d'auto-soin, vous pouvez avancer vers la guérison et la résilience.

- Établissez des limites : Savoir dire non est une compétence cruciale en matière d'auto-soins en deuil. Il est essentiel de comprendre que prendre soin de vous-même doit être votre priorité, car vous traversez une période de grande vulnérabilité émotionnelle. Voici pourquoi il est important de savoir dire non et comment cela peut vous aider dans votre processus de deuil :

1. Protéger votre énergie émotionnelle : Le deuil peut être émotionnellement épuisant. Vous avez besoin de temps pour traiter vos émotions, pleurer, réfléchir et guérir. Si vous vous surchargez en acceptant trop de responsabilités ou en disant toujours "oui" aux demandes des autres, vous risquez de vous épuiser encore plus, ce qui peut prolonger le processus de deuil.

Exemple : Imaginez que vous soyez en deuil après la perte d'un parent proche. Vous avez peut-être des amis ou des membres de la famille qui vous sollicitent pour des tâches ou des engagements sociaux. Savoir dire non dans ce contexte signifie reconnaître que vous avez besoin de temps pour prendre soin de vous, même si cela signifie refuser certaines invitations ou demandes de service.

2. Éviter la surcharge mentale : En deuil, votre esprit peut être constamment sollicité par des pensées sur la personne décédée et par des émotions complexes. Il est essentiel de préserver votre espace mental pour traiter ces sentiments et pensées. Accepter trop de responsabilités extérieures peut entraîner une surcharge mentale, ce qui peut nuire à votre bien-être émotionnel.

Exemple : Vous pourriez être confronté à des pressions pour reprendre le travail ou à des attentes pour assumer des responsabilités familiales ou sociales. Cependant, vous avez le droit de dire non si vous estimez que cela vous mettrait une pression excessive à un moment où vous devez prioriser votre propre guérison émotionnelle.

3. Préserver votre santé physique : Le deuil peut également avoir un impact sur votre santé physique. Le stress émotionnel chronique peut affaiblir votre système immunitaire et aggraver d'autres problèmes de santé. En disant non lorsque cela est nécessaire, vous pouvez protéger votre santé physique et minimiser les risques liés au stress excessif.

Exemple : Vous pourriez être sollicité pour vous occuper de diverses tâches ménagères ou pour aider à l'organisation d'événements familiaux. Si ces demandes commencent à peser sur votre santé physique, il est important de savoir dire non et de chercher un équilibre entre vos responsabilités et votre propre bien-être.

Dire non n'est pas égoïste, mais un acte d'autoprotection et d'auto-guérison. Apprendre à définir vos limites et à les faire respecter est un aspect essentiel des soins personnels en deuil. Cela vous permettra de préserver votre énergie émotionnelle, de protéger votre santé mentale et physique, et de vous donner le temps dont vous avez besoin pour faire face à votre perte et avancer dans le processus de deuil. En fin de compte, dire non vous permettra de mieux prendre soin de vous-même et d'être plus disponible pour soutenir les autres lorsque vous vous sentirez prêt.

- Créez un espace de réconfort : Créer un coin apaisant chez vous est un aspect essentiel des soins personnels en deuil. Un tel espace peut fournir un refuge où vous pouvez prendre du recul, vous reconnecter avec vous-même et faire face à vos émotions. Voici comment vous pouvez bénéficier de la création d'un coin apaisant pendant votre processus de deuil :

1. Le refuge émotionnel : Perdre un être cher peut déclencher une multitude d'émotions complexes, allant de la tristesse à la colère en passant par la confusion. Votre coin apaisant peut devenir un lieu où vous pouvez pleurer, méditer, écrire dans un journal ou simplement être avec vos émotions en toute tranquillité. C'est un espace où vous êtes autorisé à ressentir ce que vous ressentez sans jugement ni interruption.

Exemple : Votre coin apaisant pourrait être un coin de votre chambre ou un coin du salon, aménagé avec des coussins confortables, des bougies parfumées et des photos de la personne décédée. Vous pourriez y passer du temps chaque jour pour réfléchir sur votre perte, vous remémorer des souvenirs heureux ou simplement vous détendre.

2. Le lieu de méditation et de réflexion : Le deuil peut susciter de nombreuses questions et réflexions sur la vie, la mort et le sens de tout cela. Votre coin apaisant peut devenir un lieu de méditation et de réflexion où vous pouvez explorer ces questions plus profondément. C'est un endroit où vous pouvez chercher des réponses à vos interrogations intérieures.

Exemple : Vous pourriez installer un autel symbolique avec des objets qui vous inspirent ou qui rappellent la personne décédée. Chaque jour, vous pourriez vous asseoir en silence, méditer, ouvrir un livre spirituel ou simplement laisser vos pensées vagabonder pour chercher des réponses à vos questions.

3. Le refuge physique : Le deuil peut être épuisant sur le plan physique. Lorsque vous êtes submergé par la tristesse ou l'anxiété, vous avez besoin d'un endroit où vous pouvez vous détendre physiquement. Votre coin apaisant peut servir de refuge physique où vous pouvez vous allonger, vous reposer et prendre soin de votre corps.

Exemple : Votre coin apaisant pourrait comporter un fauteuil confortable, une couverture douillette et une sélection de livres apaisants. Vous pourriez y passer du temps à lire, à faire une sieste ou à méditer pour détendre votre corps.

4. Le lieu de ressourcement : En deuil, il est important de vous ressourcer régulièrement. Votre coin apaisant peut devenir cet endroit de ressourcement où vous pouvez vous recentrer, vous relaxer et recharger vos batteries émotionnelles.

Exemple : Vous pourriez intégrer des éléments apaisants tels que des plantes d'intérieur, de la musique douce ou des objets d'art relaxants dans votre coin apaisant. Ces éléments peuvent contribuer à créer une atmosphère apaisante qui favorise la relaxation et le ressourcement.

En fin de compte, un coin apaisant chez vous peut devenir un outil précieux pour votre processus de deuil. Il offre un espace sûr où vous pouvez explorer vos émotions, réfléchir sur votre perte, vous détendre physiquement et vous ressourcer. Prendre soin de votre bien-être émotionnel et physique est essentiel pour faire face au deuil, et votre coin apaisant peut être un élément clé de cet effort d'auto-soins.

Le deuil autorisé et les moments de répit sont des éléments clés pour prendre soin de vous pendant cette période difficile. Ils vous aident à naviguer à travers le chagrin tout en reconnaissant votre propre chemin. Dans la prochaine section, nous explorerons diverses stratégies pour faire face au stress et à l'anxiété qui peuvent accompagner le deuil, vous permettant ainsi de mieux gérer ces défis émotionnels.

Les stratégies pour faire face au stress et à l'anxiété

Les stratégies pour faire face au stress et à l'anxiété sont d'une importance cruciale lorsqu'on traverse le processus de deuil. Le deuil peut être une période extrêmement stressante, car il peut engendrer des inquiétudes, de l'incertitude et de l'anxiété. Voici quelques stratégies qui peuvent vous aider à gérer le stress et l'anxiété pendant cette période difficile :

1. La respiration profonde et la relaxation musculaire progressive sont des outils efficaces pour apaiser le stress et l'anxiété en période de deuil. Elles offrent des moyens simples mais puissants pour détendre le corps et l'esprit. Voici comment les mettre en pratique et pourquoi elles sont si bénéfiques :

La respiration profonde :

La respiration profonde, également appelée respiration abdominale, est une technique de relaxation qui se concentre sur la respiration lente et profonde plutôt que sur la respiration rapide et superficielle. Elle permet de stimuler le système nerveux parasympathique, qui favorise la relaxation.

Comment la pratiquer :

- Asseyez-vous confortablement dans un endroit calme.
- Fermez les yeux si vous le souhaitez, pour vous concentrer davantage.
- Posez une main sur votre poitrine et l'autre sur votre abdomen.
- Inspirez lentement par le nez en vous assurant que votre abdomen se soulève pendant que vous remplissez vos poumons d'air. Votre poitrine devrait rester relativement immobile.
- Expirez doucement par la bouche, en vidant complètement vos poumons.
- Répétez ce processus pendant quelques minutes, en vous concentrant sur votre respiration et en relâchant les tensions à chaque expiration.

Pourquoi c'est bénéfique :

La respiration profonde réduit les niveaux de cortisol, l'hormone du stress, dans le corps. Elle calme également l'esprit, ce qui peut aider à soulager l'anxiété et à favoriser la clarté mentale.

2. Relaxation musculaire progressive :

La relaxation musculaire progressive est une technique qui consiste à contracter et à relâcher délibérément les muscles pour relâcher les tensions corporelles. Elle favorise la prise de conscience des sensations corporelles et contribue à détendre les muscles tendus.

Comment la pratiquer :

- Asseyez-vous ou allongez-vous dans un endroit calme.
- Commencez par un groupe de muscles, par exemple, les muscles des pieds.

- Contractez ces muscles aussi fort que vous le pouvez pendant environ 5 secondes, puis relâchez-les soudainement.
- Prenez quelques secondes pour ressentir la détente dans ces muscles.
- Passez progressivement à d'autres groupes musculaires, en remontant le long de votre corps. Par exemple, les mollets, les cuisses, les muscles abdominaux, etc.
- Terminez par les muscles du visage, en contractant votre front, vos joues et vos mâchoires avant de les relâcher.

Pourquoi c'est bénéfique :

La relaxation musculaire progressive réduit les tensions physiques liées au stress et à l'anxiété. Elle peut également aider à améliorer le sommeil en détendant le corps avant le coucher.

En intégrant régulièrement la respiration profonde et la relaxation musculaire progressive dans votre routine quotidienne, vous pouvez développer des compétences pour gérer le stress et l'anxiété associés au deuil. Ces techniques simples peuvent être utilisées à tout moment et en tout lieu, vous offrant un moyen efficace de prendre soin de votre bien-être émotionnel et physique pendant cette période difficile.

2. L'exercice physique : L'activité physique régulière est en effet un élément essentiel de l'auto-soin en période de deuil. Elle offre de nombreux avantages pour votre bien-être émotionnel et physique. Voici comment l'exercice peut contribuer à la gestion du stress et de l'anxiété, et comment l'intégrer dans votre vie quotidienne :

Libération d'endorphines :

Lorsque vous vous engagez dans une activité physique, que ce soit la marche, la course à pied, le yoga, la natation, ou toute autre forme d'exercice que vous appréciez, votre corps libère des endorphines. Ces neurotransmetteurs agissent comme des analgésiques naturels et des antidépresseurs naturels, améliorant votre humeur et vous procurant une sensation de bien-être. Ils peuvent également réduire la perception de la douleur, ce qui peut être particulièrement bénéfique en période de deuil.

Réduction du stress et de l'anxiété :

L'exercice physique aide à réduire les niveaux de cortisol, l'hormone du stress, dans votre corps. En conséquence, vous vous sentez moins tendu et plus détendu après une séance d'exercice. L'anxiété, qui est souvent un compagnon du deuil, peut également être atténuée par la libération d'endorphines et par la focalisation sur l'activité physique plutôt que sur les pensées stressantes.

Distraction positive :

L'exercice offre une distraction positive de vos préoccupations et de vos émotions. Pendant que vous vous concentrez sur l'effort physique, vous avez moins tendance à ruminer vos soucis, ce qui peut réduire l'intensité de vos émotions négatives.

Amélioration du sommeil :

Le deuil peut souvent perturber le sommeil, entraînant des nuits agitées. L'exercice régulier peut favoriser un sommeil plus profond et réparateur. Cependant, il est préférable de ne pas faire d'exercice intense juste avant le coucher, car cela peut avoir l'effet contraire.

Renforcement de la résilience :

L'activité physique régulière peut contribuer à renforcer votre résilience mentale et émotionnelle. Elle vous donne un sentiment d'accomplissement et de maîtrise, ce qui peut être particulièrement important en période de deuil, où vous pouvez vous sentir impuissant face à la perte.

Intégration de l'exercice dans votre routine :

Il est essentiel de trouver une forme d'exercice que vous appréciez réellement, car cela augmentera votre motivation à le faire régulièrement. Essayez différentes activités pour découvrir celle qui vous convient le mieux.

- Fixez-vous des objectifs réalistes en matière d'exercice. Commencez lentement et augmentez progressivement l'intensité et la durée de votre entraînement au fil du temps.

- Intégrez l'exercice dans votre routine quotidienne. Bloquez du temps dans votre emploi du temps pour l'activité physique, tout comme vous le feriez pour n'importe quelle autre obligation.

- Faites de l'exercice avec un ami ou un membre de la famille. Cela peut rendre l'activité plus agréable et renforcer vos liens sociaux, ce qui est également important en période de deuil.

- Soyez doux avec vous-même. Si vous manquez un jour d'exercice, ne vous blâmez pas. L'objectif est la régularité à long terme, pas la perfection.

L'exercice régulier peut devenir un outil puissant pour faire face au stress et à l'anxiété associés au deuil. En prenant soin de votre corps, vous soutenez également votre esprit et votre bien-être émotionnel, ce qui est essentiel pour traverser cette période difficile avec force et résilience.

3. La gestion du temps : Gérer le deuil peut être une tâche émotionnellement et mentalement épuisante. Il est courant que le chagrin submerge les personnes en deuil, ce qui peut rendre les tâches quotidiennes et la gestion de la vie quotidienne extrêmement difficiles. Cependant, la planification et l'organisation peuvent jouer un rôle crucial dans la réduction du stress et de l'anxiété associés au deuil. Voici comment vous pouvez utiliser la planification pour alléger le fardeau émotionnel du deuil :

Établissez des routines :

Les routines peuvent offrir un sentiment de stabilité en période de deuil. Essayez de créer une routine quotidienne qui inclut des éléments tels que le réveil à heure fixe, les repas réguliers et l'exercice. Une routine bien structurée peut apporter un sentiment d'ordre et de contrôle à un moment où tout semble chaotique.

Utilisez un calendrier ou un planificateur :

Un calendrier ou un planificateur peut vous aider à organiser les rendez-vous médicaux, les rencontres avec le conseiller en deuil, les événements commémoratifs, et d'autres activités importantes. Planifier ces rendez-vous à l'avance peut vous permettre de mieux vous préparer émotionnellement.

Établissez des priorités :

Il peut être utile de diviser vos tâches en catégories de priorité. Certaines choses, comme prendre soin de vos besoins fondamentaux et de ceux de votre famille, sont des priorités absolues. D'autres tâches peuvent être mises de côté temporairement ou déléguées à d'autres.

Décomposez les tâches en étapes plus petites :

Certaines tâches peuvent sembler écrasantes lorsque vous les abordez dans leur ensemble. Essayez de les diviser en étapes plus petites et plus gérables. Cela peut vous aider à vous concentrer sur une chose à la fois.

Demandez de l'aide :

Ne sous-estimez pas le pouvoir de demander de l'aide. La famille, les amis, ou même des professionnels peuvent vous soutenir dans la gestion de vos responsabilités quotidiennes. Laissez les gens autour de vous contribuer de manière positive à votre vie en cette période difficile.

Pratiquez l'auto-compassion :

Comprenez que vous n'êtes pas obligé d'être parfait dans la gestion de votre vie quotidienne en période de deuil. Soyez gentil envers vous-même, et ne vous blâmez pas si certaines choses ne se passent pas comme prévu. Le deuil est un processus complexe, et il est normal de ne pas être au sommet de votre efficacité pendant cette période.

Recherchez du soutien :

Si vous trouvez difficile de gérer vos tâches quotidiennes en raison du deuil, envisagez de consulter un conseiller en deuil ou un psychologue. Ils peuvent vous aider à développer des stratégies de gestion du stress et à trouver des moyens pratiques de faire face à vos responsabilités.

En fin de compte, la planification et l'organisation peuvent vous aider à retrouver un certain contrôle sur votre vie en période de deuil. Cependant, il est essentiel de comprendre que chacun vit le deuil à sa manière, et il n'y a pas de règles strictes. Si vous vous sentez submergé, n'hésitez pas à chercher de l'aide et à être bienveillant envers vous-même dans ce processus.

4. La méditation et la pleine conscience : La méditation et la pleine conscience sont des outils puissants pour ceux qui traversent le deuil. Ces pratiques visent à vous ramener dans le moment présent, en vous encourageant à vous concentrer sur ce qui se passe ici et maintenant. Elles peuvent jouer un rôle significatif dans la gestion du stress et de l'anxiété en période de deuil. Voici comment elles peuvent vous aider :

Réduction du ruminement mental :

En deuil, il est courant d'avoir des pensées obsessionnelles sur ce qui aurait pu être fait différemment ou sur les événements passés. Cela peut aggraver l'anxiété et la tristesse. La méditation et la pleine conscience vous apprennent à reconnaître ces pensées sans les juger, puis à les laisser passer. Cela peut vous aider à interrompre le cycle du ruminement mental.

Gestion du stress :

La méditation et la pleine conscience peuvent vous enseigner des techniques de relaxation et de respiration profonde qui réduisent la réactivité au stress. Vous apprendrez à gérer les moments de tension émotionnelle en restant calme et centré, ce qui peut être extrêmement bénéfique en période de deuil.

Acceptation des émotions :

Lorsque vous pratiquez la méditation et la pleine conscience, vous êtes encouragé à observer vos émotions sans jugement. Cela signifie que vous pouvez accueillir vos émotions, quelles qu'elles soient, sans vous critiquer pour les ressentir. Cette acceptation peut vous aider à naviguer dans la complexité des émotions liées au deuil.

Renforcement de la résilience :

La méditation et la pleine conscience peuvent renforcer votre capacité à faire face à l'adversité. En vous apprenant à rester ancré dans le présent, elles vous aident à développer une attitude plus résiliente face aux défis. Vous pouvez mieux faire face aux moments difficiles et apprendre à les traverser sans être submergé par les émotions.

Réduction de l'anxiété anticipatoire :

L'anxiété anticipatoire est courante en deuil, car les personnes peuvent craindre l'avenir et se demander comment elles feront face sans leur être cher. La méditation et la pleine conscience vous aident à rester concentré sur le présent, à réduire l'anticipation anxieuse de l'avenir, et à mieux gérer les inquiétudes.

Amélioration du bien-être général :

La pratique régulière de la méditation et de la pleine conscience peut améliorer votre bien-être général. Elle favorise une plus grande clarté mentale, une meilleure stabilité émotionnelle et une plus grande satisfaction dans la vie quotidienne.

Exemple :

Imaginons une personne en deuil qui a du mal à dormir en raison de l'anxiété et des pensées obsédantes. Elle décide d'essayer la méditation de pleine conscience avant d'aller se coucher. En se concentrant sur sa respiration et en observant ses pensées sans s'y accrocher, elle parvient à calmer son esprit. Cette pratique régulière l'aide progressivement à retrouver un sommeil paisible, ce qui a un impact positif sur sa capacité à faire face au deuil.

En résumé, la méditation et la pleine conscience sont des outils précieux pour gérer l'anxiété et le stress en période de deuil. En vous aidant à rester dans le moment présent, elles vous permettent de mieux comprendre et de mieux gérer vos émotions, tout en renforçant votre résilience face aux défis du deuil. Cependant, il est important de noter que ces pratiques peuvent nécessiter du temps et de la persévérance pour produire des résultats significatifs.

5. Le soutien social : Il est essentiel de reconnaître que le deuil n'est pas un processus que l'on traverse seul. Partager vos sentiments et vos émotions avec d'autres personnes peut jouer un rôle crucial dans la gestion du stress et de l'anxiété qui accompagnent souvent le deuil. Voici pourquoi la communication avec d'autres est si importante en période de deuil :

Soulager l'isolement : Le deuil peut vous faire sentir seul et isolé. Le simple fait de parler de vos émotions avec des amis, de la famille ou un groupe de soutien peut briser ce sentiment d'isolement. Savoir que d'autres personnes comprennent ce que vous traversez peut apporter un grand réconfort.

Exprimer vos émotions : Le deuil génère souvent un mélange complexe d'émotions, et il est essentiel de les exprimer. Garder ses émotions enfouies peut aggraver le stress et l'anxiété. En partageant vos sentiments, vous libérez cette tension émotionnelle et favorisez un meilleur équilibre émotionnel.

Trouver un soutien émotionnel : Le deuil peut être accablant, et il est normal de se sentir submergé par les émotions. En discutant de vos sentiments avec d'autres, vous pouvez recevoir le soutien émotionnel dont vous avez besoin. Les amis et la famille peuvent offrir une épaule sur laquelle vous appuyer, vous écoutant sans jugement. Un groupe de soutien peut également vous mettre en relation avec des personnes ayant des expériences similaires.

Trouver des perspectives différentes : Discuter de vos émotions avec d'autres peut vous donner une perspective différente sur votre deuil. Les amis et la famille peuvent vous offrir des conseils et des points de vue qui vous aident à mieux comprendre vos propres sentiments. Cela peut être particulièrement utile lorsque vous vous sentez dépassé.

Exemple :

Prenons l'exemple d'une personne en deuil qui a perdu son conjoint. Au début de son deuil, elle évitait souvent de parler de sa perte avec sa famille et ses amis, pensant que cela les mettrait mal à l'aise. Cependant, au fil du temps, elle a commencé à ressentir de plus en plus de stress et d'anxiété. Un jour, elle a pris la décision de discuter de son deuil avec un ami proche. Elle a découvert que son ami était compréhensif et disposé à écouter. Cette conversation a été le point de départ pour partager davantage ses sentiments avec son cercle de soutien. En partageant son deuil avec d'autres, elle a pu exprimer sa tristesse, sa colère et sa confusion, ce qui l'a aidée à mieux faire face à ses émotions et à réduire son anxiété.

En conclusion, la communication avec d'autres est un outil puissant pour faire face au stress et à l'anxiété en période de deuil. Cela peut soulager l'isolement, permettre l'expression des émotions, offrir un soutien émotionnel et fournir des perspectives différentes. N'oubliez pas que vous n'êtes pas seul dans votre deuil, et qu'il est important de chercher le soutien dont vous avez besoin auprès de vos proches ou d'un groupe de soutien.

6. La thérapie : Il est important de reconnaître que le deuil peut parfois devenir accablant au point de nécessiter une aide professionnelle. Les émotions intenses, le stress et l'anxiété qui accompagnent le processus de deuil peuvent avoir un impact significatif sur la santé mentale d'une personne. Si vous vous sentez dépassé ou incapable de faire face à ces défis par vous-même, consulter un professionnel de la santé mentale peut être une étape essentielle vers la guérison.

Voici comment un professionnel de la santé mentale peut vous aider en période de deuil :

Un espace de soutien neutre : Lorsque vous parlez à un thérapeute, vous avez un espace sûr et confidentiel pour exprimer vos émotions les plus profondes. Vous pouvez parler ouvertement de votre deuil, de vos pensées et de vos sentiments, sans craindre de jugement.

Des compétences pour faire face : Les thérapeutes sont formés pour vous fournir des compétences et des stratégies spécifiques pour faire face au deuil. Ils peuvent vous apprendre des techniques de gestion du stress, de l'anxiété et des émotions, ce qui peut améliorer votre bien-être émotionnel.

Identifier les problèmes sous-jacents : Parfois, le deuil peut réveiller des problèmes sous-jacents tels que la dépression, l'anxiété généralisée ou d'autres troubles de santé mentale. Un professionnel de la santé mentale peut aider à identifier ces problèmes et à les traiter efficacement.

Soutien spécialisé : Les professionnels de la santé mentale spécialisés dans le deuil et la perte comprennent les complexités de ce processus. Ils sont équipés pour vous aider à traverser les différentes étapes du deuil de manière saine et constructive.

Exemple :

Prenons l'exemple d'une personne qui a récemment perdu son enfant dans un accident tragique. Elle se sent submergée par la tristesse, la culpabilité et l'anxiété depuis le décès de son enfant. Malgré le soutien de sa famille et de ses amis, elle ne parvient pas à surmonter cette épreuve. Finalement, elle décide de consulter un thérapeute spécialisé dans le deuil. Au cours de ses séances, elle explore ses émotions, apprend des techniques pour gérer son stress et trouve un espace pour exprimer sa douleur en toute sécurité. Au fil du temps, elle commence à reconstruire sa vie avec le soutien du thérapeute, en honorant la mémoire de son enfant de manière positive.

Ce chapitre 5, intitulé "L'Auto-soins en Deuil", met en lumière l'importance de prendre soin de soi tout au long du processus de deuil. Le deuil est une expérience émotionnelle et mentale éprouvante qui peut avoir des répercussions sur la santé physique et mentale. Les stratégies d'auto-soins sont essentielles pour aider les personnes en deuil à faire face à cette période difficile. Voici un résumé des points clés abordés dans ce chapitre :

1. Prendre soin de soi physiquement, émotionnellement et mentalement : Le deuil affecte tous les aspects de la vie d'une personne. Il est essentiel de prendre en compte les besoins physiques, émotionnels et mentaux. Cela implique d'autoriser toutes les émotions, de ne pas se juger pour sa réaction au deuil, et de respecter son propre rythme dans le processus de guérison.

2. L'importance du deuil autorisé et des moments de répit : Le deuil est un processus qui demande du temps. Il est essentiel de se donner la permission de vivre pleinement son deuil, sans se sentir pressé de "s'en remettre". Prendre des moments de répit pour se ressourcer est également crucial pour éviter l'épuisement émotionnel.

3. Les stratégies pour faire face au stress et à l'anxiété : Le stress et l'anxiété sont des compagnons courants du deuil. Ce chapitre propose diverses stratégies pour faire face à ces émotions, notamment la respiration profonde, la relaxation musculaire progressive, l'exercice physique régulier, la méditation et la pleine conscience. Ces techniques peuvent aider à réduire le niveau de stress et à améliorer l'humeur.

4. Demander de l'aide professionnelle : Parfois, le deuil peut devenir accablant au point de nécessiter une aide professionnelle. Un thérapeute ou un conseiller en santé mentale peut fournir un soutien spécialisé, des compétences pour faire face au deuil et aider à traiter les problèmes sous-jacents qui pourraient surgir.

5. Maintenir un équilibre : Enfin, il est crucial de trouver un équilibre entre la gestion du deuil et la poursuite de la vie quotidienne. La planification et l'organisation des tâches quotidiennes peuvent réduire le stress lié à la gestion du quotidien.

En conclusion, le deuil est un voyage personnel et complexe, et prendre soin de soi est une composante essentielle de ce voyage. Les stratégies d'auto-soins abordées dans ce chapitre visent à aider les personnes en deuil à mieux gérer leurs émotions, à trouver du réconfort et à se reconstruire. Il n'y a pas de bonne ou de mauvaise manière de faire face au deuil, mais il est essentiel de s'engager activement dans le processus de guérison en prenant soin de soi.

Bienvenue au chapitre 6 de notre voyage à travers le processus de deuil, intitulé "Trouver un Sens au Deuil." Cette étape marque le début de la troisième partie de notre parcours, intitulée "Progresser Après le Deuil." Au cours des chapitres précédents, nous avons exploré les différentes facettes de la perte, de la communication en deuil aux stratégies d'auto-soins. Maintenant, nous aborderons le défi de donner un sens à cette expérience difficile.

1 Réflexion sur la signification du deuil : Le deuil peut sembler dépourvu de sens, surtout lorsque nous sommes au cœur de la douleur et de la confusion. Cependant, ce chapitre explorera comment il est possible de trouver des significations personnelles dans le deuil. Nous examinerons comment la réflexion sur notre propre expérience de perte peut nous aider à donner un sens à cette période de transition.

2 La possibilité de croissance personnelle après le deuil : Malgré les défis du deuil, il existe une opportunité de croissance personnelle profonde. Nous étudierons les façons dont certaines personnes ont pu transformer leur douleur en une source d'inspiration pour des changements positifs dans leur vie. Le deuil peut être une période de réflexion et de transformation, et nous verrons comment il est possible d'évoluer à partir de cette expérience.

3 Les rites et les rituels en deuil : Les rituels jouent un rôle essentiel dans le processus de deuil. Qu'il s'agisse de funérailles, de commémorations annuelles ou de rituels personnels, ces pratiques symboliques nous aident à exprimer nos émotions et à honorer la mémoire de nos êtres chers. Ce chapitre explorera l'importance des rituels en deuil et comment les créer de manière significative.

En fin de compte, ce chapitre vous guidera à travers la réflexion sur le deuil, la découverte de la croissance personnelle possible et l'exploration des rituels qui peuvent apporter du réconfort. Trouver un sens au deuil est une étape cruciale vers la réconciliation avec la perte, et ce chapitre vous donnera les outils nécessaires pour entreprendre ce voyage. Le deuil peut être un moment de profonde transformation, et en lui donnant un sens, vous pouvez trouver la force de continuer à avancer.

Réflexion sur la signification du deuil

Dans le précédent chapitre, nous avons exploré les différentes stratégies d'auto-soins pour faire face au deuil. Ce chapitre, intitulé "Réflexion sur la signification du deuil," marque le début de la troisième partie de notre voyage à travers le processus de deuil, où nous aborderons la question complexe de trouver un sens à cette expérience bouleversante.

Le deuil est une période de transition, une épreuve qui nous oblige à remettre en question notre compréhension du monde, de la vie et de la mort. C'est un moment où les émotions sont à leur paroxysme, et il peut sembler que la douleur n'ait aucun sens. Pourtant, il est essentiel de comprendre que la recherche de sens est une étape cruciale dans le processus de deuil.

Pourquoi chercher un sens au deuil ?

Chercher un sens au deuil ne signifie pas nécessairement trouver une réponse universelle à la question du pourquoi. Il s'agit plutôt de chercher un sens personnel, une signification qui a du sens pour vous et qui peut vous aider à intégrer cette expérience dans votre vie.

1. Donner un sens à la perte : En réfléchissant sur la signification du deuil, vous pouvez donner un sens à la perte de votre être cher. Cela peut vous aider à mieux comprendre l'impact profond qu'il ou elle a eu sur votre vie.

2. Accomplir un processus de deuil : La recherche de sens peut être un moyen de traiter activement votre chagrin. Elle vous permet de mettre des mots sur vos émotions et de les intégrer dans votre propre histoire.

3. Trouver la force de continuer : En trouvant un sens à votre expérience de deuil, vous pouvez puiser dans cette compréhension pour trouver la force de continuer à avancer malgré la douleur.

Comment chercher un sens au deuil

Chercher un sens au deuil peut être une démarche personnelle et intime. Voici quelques étapes pour vous guider dans cette réflexion :

1. Acceptez vos émotions : Le deuil peut susciter une gamme complexe d'émotions, allant de la tristesse à la colère en passant par la confusion. Il est important d'accepter ces émotions et de les explorer honnêtement.

2. Commencez par le récit : Raconter votre histoire et celle de votre être cher peut être un premier pas vers la réflexion. Écrire un journal, parler à un ami de confiance ou consulter un thérapeute peut vous aider à mettre en mots ce que vous ressentez.

3. Cherchez des leçons et des valeurs : Réfléchissez à ce que vous avez appris de votre expérience de deuil. Les leçons que vous tirez de cette période peuvent devenir des valeurs qui guideront votre vie future.

4. Honorez la mémoire : Trouver un sens peut également passer par la commémoration de la mémoire de votre être cher. Que ce soit par des rituels, des œuvres de bienfaisance ou d'autres moyens, cela peut donner une dimension significative à votre deuil.

La recherche de sens au deuil est une démarche personnelle qui évolue au fil du temps. Elle peut vous aider à transformer votre douleur en une source de croissance personnelle et de compréhension plus profonde de la vie. Le deuil peut sembler dépourvu de sens à un moment donné, mais avec le temps et la réflexion, vous pouvez découvrir que même dans la perte, il y a des enseignements précieux à tirer.

La possibilité de croissance personnelle après le deuil

Le deuil est un processus complexe et douloureux, mais il peut également être une période de profonde réflexion et de croissance personnelle. Dans cette deuxième partie du chapitre sur "Trouver un Sens au Deuil", nous explorerons la manière dont le deuil peut offrir l'opportunité de développer et de renforcer votre propre croissance personnelle.

Le deuil, bien qu'il soit souvent associé à la perte et à la douleur, peut aussi être un moment de transformation personnelle. Voici quelques façons dont le deuil peut favoriser la croissance personnelle :

1. La redéfinition des valeurs et des priorités : Perdre un être cher peut être une expérience profondément bouleversante, mais cela peut aussi être un catalyseur pour une réflexion profonde sur ce qui est vraiment important dans votre vie. C'est dans cette période de chagrin et de remise en question que beaucoup de gens trouvent un nouveau sens à leur existence en mettant l'accent sur des valeurs essentielles telles que l'amour, la compassion et la recherche du bonheur authentique.

Lorsque nous sommes confrontés à la perte d'un être cher, cela peut nous faire prendre conscience de la fragilité de la vie et de la nécessité de chérir chaque moment précieux. Voici comment cette réévaluation des valeurs peut se manifester :

L'importance des relations : La perte d'un être cher peut nous rappeler à quel point les relations avec nos proches sont précieuses. Nous réalisons que le temps passé avec nos amis et notre famille est l'un des aspects les plus significatifs de notre vie.

La compassion envers les autres : La douleur du deuil peut vous rendre plus sensible à la souffrance des autres. Vous pourriez développer une compassion accrue envers ceux qui traversent des moments difficiles.

La recherche du bonheur authentique : Le deuil peut nous rappeler que la poursuite de la réussite matérielle n'est pas aussi significative que la recherche d'un bonheur authentique et durable. Vous pourriez vous concentrer davantage sur les expériences qui vous apportent une véritable satisfaction intérieure.

La quête de sens : Le deuil peut être un moment où vous vous interrogez sur le sens de la vie et sur ce qui vous motive vraiment. Vous pourriez vous tourner vers des questions existentielles et chercher à donner un sens plus profond à votre existence.

Il est essentiel de comprendre que cette réévaluation des valeurs ne se produit pas nécessairement immédiatement après la perte. Le deuil est un processus personnel et unique, et chacun le traverse à son rythme. Certaines personnes peuvent mettre du temps à réfléchir profondément à ces questions, tandis que d'autres les abordent plus tôt dans leur parcours de deuil.

Ce processus de réévaluation des valeurs peut être un élément important de la croissance personnelle après le deuil. En fin de compte, il peut vous aider à construire une vie plus significative et plus alignée avec ce qui compte vraiment pour vous. Dans la prochaine section, nous explorerons la possibilité de croissance personnelle après le deuil de manière plus approfondie.

2. La résilience et la force intérieure : Surmonter le deuil est l'une des épreuves les plus difficiles que l'être humain puisse traverser, et cela exige souvent une grande résilience émotionnelle. La résilience émotionnelle se réfère à la capacité d'une personne à s'adapter, à se relever et à se rétablir après avoir vécu des événements difficiles ou traumatisants. Dans le contexte du deuil, la résilience émotionnelle est cruciale pour naviguer à travers la douleur de la perte et pour se reconstruire progressivement.

Voici quelques points clés à considérer lorsqu'il s'agit de développer la résilience émotionnelle lors du deuil :

Reconnaître et accepter les émotions : La résilience ne signifie pas ignorer ou refouler ses émotions. Au contraire, il est essentiel de reconnaître et d'accepter les sentiments qui surgissent, qu'il s'agisse de tristesse, de colère, de confusion ou de tout autre ressenti. Ces émotions sont naturelles et font partie intégrante du processus de deuil.

Chercher du soutien : La résilience ne se construit pas en solitaire. Il est important de rechercher du soutien auprès de proches, d'amis, de groupes de soutien ou même d'un professionnel de la santé mentale. Parler de votre expérience avec d'autres personnes peut vous aider à mieux comprendre vos émotions et à trouver des stratégies pour faire face au deuil.

Cultiver la patience : La résilience émotionnelle ne se développe pas du jour au lendemain. Il est essentiel d'être patient avec vous-même pendant le processus de deuil. Vous traverserez des hauts et des bas, et c'est normal. La patience avec vos émotions et votre rétablissement est cruciale.

Développer des stratégies de gestion du stress : La résilience émotionnelle implique également la capacité à gérer le stress qui accompagne souvent le deuil. La méditation, la respiration profonde, l'exercice physique et d'autres techniques de gestion du stress peuvent vous aider à traverser les moments difficiles.

Apprendre et grandir : La résilience émotionnelle implique non seulement de surmonter les défis, mais aussi d'apprendre et de grandir grâce à eux. Vous pourriez découvrir une force intérieure que vous ne soupçonniez pas, ainsi qu'une meilleure compréhension de vous-même et de vos valeurs.

En fin de compte, la résilience émotionnelle est une qualité précieuse qui peut émerger à travers le processus de deuil. Elle vous permet de faire face à la douleur, de reconstruire votre vie et, éventuellement, de trouver un nouveau sens à votre existence. Chacun a sa propre façon de développer cette résilience, mais en reconnaissant et en acceptant vos émotions, en recherchant du soutien et en cultivant la patience, vous pouvez renforcer cette capacité à surmonter les défis de la vie. Dans la section suivante, nous explorerons en détail la possibilité de croissance personnelle après le deuil.

3. La réévaluation des objectifs de vie : Le processus de deuil est profondément introspectif, et il peut inciter à réfléchir à de nombreux aspects de la vie, y compris nos aspirations, nos objectifs et nos rêves. C'est souvent une période où l'on prend du recul pour évaluer ce qui est vraiment important, et cela peut conduire à une réorientation significative de nos priorités.

Réévaluer ses objectifs de vie : Perdre un être cher peut être un rappel poignant de la brièveté de la vie. Ce choc émotionnel peut vous inciter à réfléchir à vos objectifs personnels et à ce que vous souhaitez accomplir. Peut-être que vous vous rendez compte que certaines de vos ambitions précédentes ne sont plus aussi pertinentes, ou vous pourriez découvrir de nouveaux objectifs qui prennent désormais une place centrale.

Poursuivre des rêves mis de côté : Parfois, la perte d'un être cher peut susciter le désir de réaliser des rêves que l'on avait mis de côté en raison de contraintes temporelles ou de responsabilités. Cette période de réflexion peut servir de catalyseur pour redonner vie à ces aspirations longtemps négligées.

Changer de perspective sur le bonheur : Le deuil peut aussi changer notre compréhension du bonheur. Vous pourriez réaliser que le bonheur authentique ne découle pas nécessairement de la réussite matérielle ou de la poursuite effrénée de la carrière, mais plutôt de la connexion avec les autres, de la gratitude pour les moments présents et de la réalisation de vos valeurs les plus profondes.

Réconcilier la perte avec le sens de la vie : Trouver un nouveau sens à la vie après la perte d'un être cher peut être une démarche complexe, mais cela peut aussi être profondément gratifiant. Le deuil peut nous amener à réfléchir sur notre propre mortalité, notre héritage et comment nous voulons être perçus et se souvenir lorsque nous ne serons plus là.

En somme, le deuil peut être une période de transformation personnelle profonde. Il peut vous encourager à revoir vos priorités, à poursuivre des rêves longtemps mis de côté et à trouver un nouveau sens à la vie. Chaque parcours de deuil est unique, et il est important de respecter votre propre rythme et vos propres découvertes. Dans la section suivante, nous explorerons plus en détail les rites et les rituels en deuil, qui peuvent également jouer un rôle essentiel dans la recherche du sens après une perte.

4. L'empathie et la compassion envers les autres : Le processus de deuil est profondément transformateur. Au fur et à mesure que vous traversez la douleur et la perte, vous développez une compréhension intime de ce que signifie souffrir et faire face à la perte. Cette expérience personnelle peut avoir un impact significatif sur votre capacité à ressentir de l'empathie envers les autres qui vivent des situations similaires.

Comprendre la douleur des autres : Lorsque vous avez traversé un deuil, vous comprenez mieux la complexité des émotions qui l'accompagnent. Vous savez ce que signifie se sentir submergé par la tristesse, la colère, la confusion, ou même la culpabilité. Cette compréhension vous permet d'être plus sensible à la douleur des autres et de reconnaître que chaque personne réagit au deuil à sa manière.

Fournir un soutien compatissant : Votre propre expérience de deuil peut vous aider à être un meilleur soutien pour les autres. Vous savez à quel point il est important d'avoir quelqu'un qui vous écoute, vous comprend, et vous offre une épaule sur laquelle pleurer. Vous êtes plus enclin à fournir ce type de soutien compatissant à ceux qui en ont besoin.

Partager votre propre histoire : Raconter votre propre histoire de deuil peut être un moyen puissant de soutenir les autres. Votre récit peut inspirer l'espoir et montrer aux autres qu'ils ne sont pas seuls dans leur douleur. En partageant votre expérience, vous pouvez également encourager les autres à exprimer leurs propres émotions et à chercher de l'aide lorsque cela est nécessaire.

S'engager dans des activités bénévoles : Après avoir traversé le deuil, de nombreuses personnes choisissent de s'impliquer dans des activités bénévoles ou des groupes de soutien en deuil pour aider ceux qui vivent des expériences similaires. Cette action altruiste peut être une façon puissante de canaliser votre douleur en aidant les autres à trouver un réconfort et un soutien dans leur propre cheminement de deuil.

En fin de compte, l'empathie qui découle de votre propre expérience de deuil peut être un cadeau précieux que vous offrez aux autres. Vous pouvez devenir un soutien essentiel pour ceux qui traversent des moments difficiles, en les aidant à trouver de l'espoir, de la compréhension et du réconfort dans leur cheminement de deuil. Dans la section suivante, nous explorerons davantage les rites et les rituels en deuil, qui sont une autre dimension importante de la recherche de sens après une perte.

Il est important de noter que la croissance personnelle après le deuil n'est pas un processus linéaire. Certaines personnes peuvent éprouver ces changements de manière plus marquée que d'autres. Cependant, il est encourageant de se rappeler que même au milieu de la douleur, il existe des opportunités pour grandir, apprendre et trouver un sens renouvelé à la vie. Dans la prochaine section, nous explorerons l'importance des rites et des rituels en deuil pour aider à donner un sens à la perte.

Les rites et rituels en deuils

Les rites et les rituels en deuil sont des éléments profondément significatifs du processus de trouver un sens à la perte d'un être cher. Ils peuvent apporter du réconfort, aider à exprimer les émotions et créer un espace pour honorer la mémoire de la personne décédée. Examinons l'importance de ces pratiques dans le cheminement de deuil.

Créer un espace pour l'expression émotionnelle :

Les rituels en deuil jouent un rôle essentiel dans le processus de deuil en fournissant un espace structuré pour l'expression des émotions. Permettez-moi de développer davantage l'importance de ces rituels et de les illustrer par des exemples concrets.

L'expression des émotions complexes : Lorsque nous perdons un être cher, les émotions que nous ressentons sont souvent complexes et déroutantes. La tristesse, la colère, la confusion, la culpabilité et même parfois le soulagement peuvent se mélanger de manière tumultueuse. Les rituels en deuil créent un cadre propice à l'expression de ces émotions, en offrant un espace sûr et acceptant pour les dévoiler.

Le soulagement de la douleur : L'expression émotionnelle dans le contexte du deuil est un élément clé du processus de guérison. Permettez-moi de vous expliquer en détail pourquoi cette libération émotionnelle est si cruciale et comment les rituels peuvent y contribuer, en prenant appui sur des exemples concrets.

La Douleur du Deuil : Lorsque nous perdons un être cher, la douleur que nous ressentons est profonde et complexe. Cette douleur peut se manifester sous forme de tristesse, de colère, de culpabilité, de confusion, voire de soulagement. Toutes ces émotions sont naturelles dans le cadre du deuil, mais les refouler ou les ignorer peut entraîner une détresse émotionnelle accrue.

Le Dangereux Refoulement des Émotions : Refouler nos émotions, c'est comme comprimer un ressort sous tension. À un moment donné, cette tension peut devenir insoutenable et se manifester sous forme de symptômes physiques ou psychologiques. Cela peut se traduire par des troubles du sommeil, de l'anxiété, de la dépression, des maux de tête, des tensions musculaires, entre autres. Il est essentiel de comprendre que l'expression des émotions n'est pas une faiblesse, mais une nécessité pour préserver notre bien-être émotionnel et physique.

Les Rituel comme Exutoire Émotionnel : Les rituels en deuil offrent un espace structuré pour exprimer ces émotions refoulées. Ils permettent aux personnes endeuillées de se confronter à leurs sentiments, de les reconnaître et de les partager avec d'autres. Ces rituels sont des exutoires émotionnels essentiels qui permettent de libérer cette tension émotionnelle accumulée.

Au cours de ce rituel, elle se met à pleurer, se sentant submergée par la tristesse de sa perte. Cependant, elle est entourée de sa famille et de ses amis qui la soutiennent dans ce moment émotionnellement intense. À la fin de la cérémonie, elle se sent allégée d'une partie de sa douleur, car elle a pu exprimer sa tristesse et son amour de manière significative.

Apaisement de l'Esprit et du Corps : L'expression émotionnelle libérée par le biais de rituels a un effet apaisant sur l'esprit et le corps. Cela permet de réduire le stress, d'améliorer le bien-être psychologique et même d'atténuer les symptômes physiques liés à la douleur du deuil. En laissant place à ces émotions, les personnes endeuillées peuvent commencer à avancer dans leur processus de deuil de manière plus saine et constructive.

En conclusion, l'expression émotionnelle est un élément vital du deuil. Refouler nos émotions peut entraîner des conséquences néfastes pour notre bien-être global. Les rituels en deuil fournissent un cadre structuré pour permettre cette expression, favorisant ainsi l'apaisement de l'esprit et du corps. Ils offrent un moyen d'honorer la mémoire de nos êtres chers tout en nous aidant à faire face à la douleur de la perte de manière positive.

Le partage au sein de la communauté :

Les rituels en deuil, lorsqu'ils rassemblent des membres de la famille, des amis et des proches, jouent un rôle essentiel dans le processus de deuil. Cette communauté de soutien offre un cadre où les émotions peuvent être partagées, comprises et soutenues, et ce, de manière extrêmement bénéfique. Pour illustrer l'importance de cette dynamique, nous allons nous appuyer sur des exemples concrets.

Unir la Famille : Le deuil peut souvent être un moment de fragmentation au sein des familles. Les membres de la famille peuvent réagir différemment à la perte d'un être cher, ce qui peut entraîner des tensions et des désaccords. Cependant, les rituels en deuil, comme les funérailles ou les commémorations, offrent une occasion précieuse de réunir la famille dans un but commun. En partageant des souvenirs, des anecdotes et des émotions lors de ces rituels, les membres de la famille ont l'opportunité de se rapprocher et de renforcer leurs liens. Par exemple, une famille qui organise une cérémonie en l'honneur d'un parent décédé peut constater que cette expérience les a aidés à se reconnecter et à se soutenir mutuellement.

Soutien des Amis et des Proches : Les amis et les proches jouent également un rôle crucial dans le processus de deuil. Souvent, ils sont les premiers à offrir leur soutien, à être à l'écoute et à aider les personnes endeuillées à traverser cette période difficile. Lors des rituels en deuil, ces amis et ces proches ont l'opportunité de montrer leur présence et leur soutien de manière tangible. Par exemple, un ami proche peut prononcer un discours émouvant lors d'une cérémonie funéraire, rappelant des souvenirs précieux et exprimant son soutien inconditionnel à la personne en deuil. Cette manifestation de soutien peut être extrêmement réconfortante pour la personne en deuil et renforcer leur sentiment d'appartenance à une communauté de soutien.

Partager et Comprendre les Émotions : L'un des aspects les plus importants des rituels en deuil est la possibilité de partager et de comprendre les émotions. Les personnes en deuil peuvent se sentir seules dans leur douleur, mais lorsque la communauté se rassemble pour honorer la mémoire de l'être cher, elles réalisent qu'elles ne sont pas seules. Cela peut avoir un impact profond sur le processus de guérison. Lorsque quelqu'un partage ses émotions et que d'autres expriment leur compréhension et leur empathie, cela crée un espace où la douleur peut être exprimée en toute sécurité. Par exemple, lors d'une veillée funéraire, des amis et des membres de la famille peuvent partager des histoires et des anecdotes sur le défunt, en riant et en pleurant ensemble. Cette communion émotionnelle renforce le lien entre les participants et les aide à faire face à leur chagrin de manière collective.

Les rituels en deuil ont le pouvoir de rassembler la communauté de soutien autour de la personne en deuil. Ils réunissent la famille, les amis et les proches dans un environnement où les émotions peuvent être partagées, comprises et soutenues. Cette communion émotionnelle favorise la guérison et renforce les liens sociaux, jouant ainsi un rôle vital dans le processus de deuil.

La favorisation de la guérison :

Les rituels en deuil sont des étapes cruciales du processus de deuil, car ils fournissent un cadre significatif pour reconnaître et traiter les émotions complexes qui accompagnent la perte d'un être cher. Ils permettent aux personnes en deuil de se connecter avec leurs émotions, de les exprimer de manière saine et d'amorcer le processus de transformation de la douleur en une forme de réconciliation avec la réalité de la perte. Cette transformation est essentielle pour progresser dans le processus de deuil et atteindre un stade de guérison.

Reconnaître et Honorer les Émotions : Les rituels en deuil offrent un espace où les émotions peuvent être reconnues et honorées. La douleur, la tristesse, la colère, la confusion, la culpabilité et d'autres émotions complexes sont des réponses tout à fait normales à la perte d'un être cher. Cependant, il peut être difficile de les accepter et de les exprimer. Les rituels en deuil fournissent une structure et une permission sociales pour reconnaître ces émotions. Par exemple, lors d'une cérémonie funéraire, les participants sont encouragés à partager leurs souvenirs et leurs sentiments, créant ainsi un espace où les émotions peuvent être exprimées de manière ouverte et partagée.

Transformer la Douleur en Réconciliation : Le processus de deuil n'implique pas seulement la reconnaissance des émotions, mais aussi la transformation de la douleur en une forme de réconciliation. Les rituels permettent aux personnes en deuil de faire face à la réalité de la perte et de trouver un moyen de vivre avec cette douleur de manière constructive. Par exemple, allumer une bougie en mémoire de l'être cher peut symboliser la présence continue de cette personne dans la vie de ceux qui restent. La création de mémoriaux ou la participation à des activités commémoratives peuvent aider les personnes en deuil à intégrer la mémoire de leur être cher dans leur vie quotidienne.

Progresser dans le Processus de Deuil : La capacité de reconnaître, d'exprimer et de transformer les émotions complexes est essentielle pour progresser dans le processus de deuil. Les rituels en deuil fournissent une structure pour ce processus, aidant les personnes en deuil à avancer à leur propre rythme. Il est important de noter que le deuil est un voyage individuel, et chaque personne le parcourt à sa manière. Certains peuvent trouver la guérison plus rapidement grâce à des rituels significatifs, tandis que d'autres peuvent prendre plus de temps. Quelle que soit la durée du processus, les rituels en deuil sont un outil précieux pour soutenir cette progression.

Exemple concret : Imaginons une famille qui a perdu un parent bien-aimé. Ils décident d'organiser une cérémonie commémorative dans laquelle chaque membre de la famille partage un souvenir spécial ou une qualité unique de la personne décédée. Pendant cette cérémonie, des larmes sont versées, des rires éclatent et des émotions profondes sont exprimées. Au fur et à mesure que chaque membre de la famille partage, ils commencent à se sentir plus légers, plus connectés les uns aux autres et plus près de la réconciliation avec la perte. Cette cérémonie devient un rituel qui les aide à progresser dans leur deuil.

En fin de compte, les rituels en deuil ont un pouvoir profond pour aider les personnes en deuil à reconnaître, à exprimer et à transformer leurs émotions, contribuant ainsi de manière significative au processus de guérison. Ils jouent un rôle crucial dans la réconciliation avec la réalité de la perte et dans la progression vers un état de vie où l'amour et le souvenir de l'être cher décédé restent vivants.

Honorer la mémoire du défunt :

Les rituels en deuil sont des moyens puissants de rendre hommage à la mémoire de la personne décédée. Ils offrent un cadre solennel et significatif pour honorer la vie et l'impact de l'être cher disparu. Ces rituels prennent de nombreuses formes, allant des cérémonies religieuses aux actes symboliques personnels, mais ils partagent tous l'objectif essentiel de maintenir vivant le souvenir de l'être cher et de lui rendre hommage de manière significative.

Célébration de la Vie : Les cérémonies de deuil, telles que les funérailles, les services commémoratifs ou les célébrations de la vie, sont des occasions où la famille, les amis et la communauté se rassemblent pour se souvenir de la personne décédée. Ces cérémonies permettent de partager des anecdotes, des souvenirs et des moments spéciaux de la vie de l'être cher. Ils aident à rappeler les qualités et les réalisations de la personne, contribuant ainsi à célébrer sa vie plutôt qu'à se concentrer uniquement sur sa mort.

Création de Mémoriaux : De nombreuses personnes choisissent de créer des mémoriaux physiques ou virtuels en l'honneur de leurs êtres chers décédés. Cela peut prendre la forme de plaques commémoratives, de monuments, de sites web commémoratifs, ou même de jardins de mémoriaux. Ces mémoriaux servent de lieu de rassemblement pour se souvenir et réfléchir à la personne décédée. Ils offrent également un espace où les amis et la famille peuvent se rendre pour partager leurs émotions et maintenir une connexion avec la mémoire de l'être cher.

Actes Symboliques : Parfois, les rituels en deuil sont des actes symboliques plus personnels. Allumer une bougie chaque année à la date d'anniversaire du décès, planter un arbre en mémoire de l'être cher ou accomplir une œuvre de bienfaisance au nom de la personne décédée sont autant d'exemples d'actes symboliques qui rendent hommage à la mémoire de l'être cher. Ces gestes sont profondément significatifs pour ceux qui les accomplissent et servent à maintenir la connexion avec la personne décédée.

Transmission du Héritage : Les rituels en deuil permettent également de transmettre l'héritage et les valeurs de la personne décédée aux générations futures. Par le biais de récits, de traditions familiales ou de la participation à des activités que l'être cher appréciait, les familles peuvent continuer à intégrer la présence de la personne décédée dans leur vie quotidienne.

Exemple : Prenons le cas d'une famille qui a perdu son patriarche bien-aimé. Pour honorer sa mémoire, ils organisent une cérémonie commémorative où chaque membre de la famille partage une histoire ou un souvenir spécial de leur temps passé avec lui. Ensuite, ils décident de créer un jardin de mémoriaux dans leur jardin familial, où ils plantent des fleurs et des arbres en son honneur. Chaque année, à l'anniversaire de son décès, la famille se réunit dans le jardin pour allumer une bougie en sa mémoire et partager des moments de réflexion. Ce jardin devient un lieu sacré où ils peuvent se connecter avec la mémoire de leur bien-aimé.

En conclusion, les rituels en deuil sont des moyens essentiels de rendre hommage à la mémoire de la personne décédée. Ils permettent de célébrer la vie, de créer des mémoriaux significatifs, de perpétuer le souvenir de l'être cher et de transmettre son héritage aux générations futures. Ces rituels offrent un soutien émotionnel et spirituel aux personnes en deuil en leur permettant de se connecter avec la mémoire de l'être cher d'une manière significative et significative.

Faciliter la transition vers une nouvelle réalité :

Les rituels en deuil jouent un rôle essentiel dans la transition vers une vie sans la présence physique de l'être cher. Ils représentent un point de passage symbolique qui marque la fin d'une période de deuil intense et le début d'un nouveau chapitre de la vie. Cette transition est cruciale pour les personnes en deuil, car elle leur permet de trouver une forme de clôture et de s'adapter progressivement à la réalité de la perte.

Clôture et Transition : Lorsque nous perdons un être cher, il est naturel de ressentir une profonde douleur et un sentiment de vide. Les rituels en deuil offrent un cadre pour exprimer cette douleur de manière symbolique. Ils permettent aux personnes en deuil de reconnaître la réalité de la perte et d'honorer la mémoire de l'être cher. Une fois que cette expression émotionnelle a eu lieu, les rituels en deuil aident à marquer une transition vers une nouvelle phase de la vie, où la personne en deuil peut commencer à s'adapter à la perte.

Acceptation de la Réalité : L'un des aspects les plus difficiles du deuil est d'accepter la réalité de la perte. Les rituels en deuil offrent un espace où les personnes en deuil peuvent progressivement intégrer cette réalité dans leur vie. En participant activement à des rituels significatifs, telles que des cérémonies commémoratives, les personnes en deuil peuvent se confronter à la perte et commencer à la comprendre sur un plan émotionnel et psychologique.

Réconciliation avec la Perte : Les rituels en deuil sont également un moyen de se réconcilier avec la perte. Ils permettent de créer un lien continu avec la personne décédée tout en reconnaissant que la relation ne peut plus être physique. Cela aide les personnes en deuil à continuer à se sentir proches de l'être cher d'une manière symbolique, tout en intégrant le fait que la relation a changé.

Exemple concret : Imaginons une femme qui a perdu son mari bien-aimé après de nombreuses années de mariage. Pour marquer la transition vers une vie sans lui, elle décide de planter un arbre dans leur jardin familial, un arbre qui symbolise leur amour et leur histoire partagée. Chaque année, elle s'engage à prendre soin de cet arbre et à l'observer grandir, tout comme elle le fait avec ses propres souvenirs de son mari. Cet arbre devient un point de contact symbolique entre elle et son mari décédé, l'aidant à trouver la clôture et la réconciliation dont elle a besoin pour continuer sa vie.

Les rituels en deuil ne sont pas seulement des événements symboliques, mais ils jouent un rôle essentiel dans la transition vers une vie sans la présence physique de l'être cher. Ils marquent une clôture émotionnelle et psychologique tout en aidant les personnes en deuil à accepter la réalité de la perte. En permettant aux personnes en deuil de se réconcilier avec la perte de manière symbolique, les rituels en deuil sont un outil précieux pour favoriser l'adaptation et la guérison après une perte significative.

Fournir un soutien communautaire :

Les rituels en deuil sont bien plus que de simples cérémonies symboliques. Ils créent des espaces de réconfort et de soutien pour les personnes en deuil, réunissant la famille et les amis pour partager leurs émotions et leur douleur. La dimension communautaire de ces rituels revêt une importance considérable dans le processus de deuil, offrant un soutien crucial à ceux qui traversent cette période difficile.

Soutien Mutuel et Empathie : Lorsqu'une personne décède, la douleur qui en découle peut-être accablante. Les rituels en deuil rassemblent la famille, les amis et les proches, créant un environnement où chacun peut exprimer ses émotions librement. La présence d'autres personnes qui partagent cette douleur permet aux personnes en deuil de se sentir comprises et entourées d'empathie. Les témoignages, les échanges et les gestes de réconfort mutuel renforcent les liens entre les participants et contribuent à apaiser la souffrance émotionnelle.

Soutien Continu : Le deuil est un processus qui prend du temps, et la douleur peut persister pendant de nombreuses années. Les rituels en deuil offrent une opportunité continue de se rassembler et de se soutenir mutuellement au fil du temps. Par exemple, les anniversaires, les dates commémoratives ou les célébrations spéciales peuvent devenir des moments pour réunir la famille et les amis afin de se rappeler et de célébrer la vie de l'être cher décédé. Ce soutien continu est essentiel pour aider les personnes en deuil à traverser les différentes étapes de leur deuil.

Renforcement des Liens Familiaux et Amicaux : Le deuil peut parfois entraîner des tensions au sein des familles, car chaque personne gère la perte différemment. Les rituels en deuil peuvent jouer un rôle crucial en aidant les membres de la famille à communiquer et à se soutenir mutuellement. Par exemple, lors d'une cérémonie commémorative, les membres de la famille peuvent partager des souvenirs et des histoires, renforçant ainsi leurs liens et favorisant une meilleure compréhension mutuelle.

Exemple : Prenons l'exemple d'une famille qui a perdu un enfant. Ils décident d'organiser une cérémonie en l'honneur de l'enfant chaque année à l'occasion de son anniversaire. Cette cérémonie rassemble non seulement la famille proche, mais aussi des amis de longue date, des enseignants, et d'autres personnes qui ont été touchées par la vie de cet enfant. Cette tradition annuelle devient un moyen de se rappeler l'enfant, de partager leur douleur et de renforcer les liens entre tous ceux qui ont été affectés par cette perte.

En conclusion, les rituels en deuil vont au-delà de simples événements symboliques. Ils jouent un rôle essentiel en créant des communautés de soutien pour les personnes en deuil, renforçant les liens familiaux et amicaux, et offrant un espace pour partager la douleur et l'empathie. Ces rituels sont un élément crucial du processus de deuil, permettant aux personnes en deuil de trouver du réconfort et de l'espoir dans la présence de leurs proches.

Chapitre 7 : Le Chemin vers la Reconstruction

Le deuil est un voyage en montagnes russes émotionnelles. Il nous pousse dans les profondeurs de la douleur, nous élève vers des moments de paix, puis nous confronte à la réalité changeante de la vie sans l'être cher. Dans ce septième chapitre, nous explorerons le chemin vers la reconstruction, une étape cruciale dans le processus de deuil.

La reconstruction ne signifie pas oublier ou remplacer la personne que nous avons perdue. Au contraire, c'est la tentative de construire une nouvelle vie qui intègre la perte d'une manière significative. Dans ce voyage, nous découvrirons comment faire face aux transitions et aux changements de rôle qui se présentent lorsque nous perdons quelqu'un de cher. Nous aborderons également la reconstruction des relations et de la vie quotidienne, et nous discuterons de la prévention du deuil compliqué.

1. Faire face aux transitions et aux changements de rôle nous aidera à comprendre comment notre rôle dans la famille, au travail, ou dans la société peut évoluer après une perte significative. Nous explorerons les défis et les opportunités liés à ces transitions et comment les aborder avec résilience.

2.La reconstruction des relations et de la vie quotidienne, nous verrons comment reconstruire notre vie sociale et redéfinir nos relations après le deuil. Nous aborderons également la manière dont le deuil peut influencer nos priorités et nos valeurs, et comment nous pouvons intégrer ces changements dans notre quotidien.

3. La prévention du deuil compliqué, nous discuterons de la manière de reconnaître les signes précurseurs d'un deuil compliqué et de chercher de l'aide lorsque cela est nécessaire. Nous examinerons les stratégies pour prendre soin de notre santé mentale et émotionnelle tout au long du processus de deuil.

Le chemin vers la reconstruction est unique pour chaque individu, mais il offre la promesse de la résilience et de la croissance personnelle. C'est une étape où nous pouvons honorer la mémoire de nos êtres chers tout en construisant une nouvelle réalité pour nous-mêmes. Dans ce chapitre, nous allons explorer ces défis et ces opportunités, armés de connaissances et de stratégies pour avancer avec courage vers la reconstruction de nos vies après le deuil.

1 Faire face aux transitions et aux changements de rôle

Lorsque nous perdons un être cher, nous sommes confrontés à une série de transitions et de changements de rôle qui peuvent sembler déconcertants et intimidants. Le décès d'un proche peut avoir un impact profond sur notre identité et notre place dans la famille, au travail et dans la société en général. Dans cette première partie, nous allons examiner de près ces transitions et comment faire face à ces changements de rôle.

La Perturbation des Dynamiques Familiales après une Perte

La perte d'un membre de la famille est l'une des expériences les plus déstabilisantes que nous puissions vivre. Cette perte peut perturber profondément les dynamiques familiales établies, créant des changements de rôle et des ajustements qui peuvent être à la fois stressants et porteurs de croissance. Dans cette section, nous allons explorer comment la disparition d'un parent, par exemple, peut déclencher des transformations au sein de la famille, et comment ces moments difficiles peuvent également renforcer les liens familiaux.

Changement de Rôle des Enfants Adultes

La disparition d'un parent peut entraîner un profond changement de rôle pour les enfants devenus adultes. Les responsabilités familiales qui étaient autrefois assurées par le parent décédé peuvent désormais incomber à ces enfants. Cela peut inclure des tâches telles que la gestion des biens de la famille, la prise en charge des frères et sœurs plus jeunes, ou le soutien émotionnel à d'autres membres de la famille.

Tensions et Opportunités

Ces changements de rôle ne sont pas sans défis. Ils peuvent entraîner des tensions au sein de la famille, car chaque membre peut réagir différemment à cette nouvelle réalité. Certains peuvent se sentir submergés par les nouvelles responsabilités, tandis que d'autres peuvent ressentir de la frustration ou de l'injustice.

Cependant, ces moments de transition peuvent également être des opportunités de croissance et de renforcement des liens familiaux. Les membres de la famille peuvent se soutenir mutuellement en partageant la charge des nouvelles responsabilités. La communication ouverte et la compréhension des émotions de chacun sont essentielles pour traverser cette période de manière constructive.

Renforcement des Liens Familiaux

En fin de compte, ces moments de transition peuvent renforcer les liens familiaux. La collaboration nécessaire pour faire face aux nouvelles responsabilités peut créer un sentiment de solidarité et d'unité au sein de la famille. Les membres de la famille peuvent également se découvrir mutuellement sous un nouveau jour, en apprenant à mieux se connaître dans des rôles différents.

Les tensions et les ajustements sont normaux, mais ils peuvent être surmontés grâce à la communication, à la patience et au soutien mutuel. Cette période de changement peut être difficile, mais elle peut aussi être l'occasion de grandir en tant que famille et de renforcer les liens qui nous unissent.

L'Impact du Deuil sur la Vie Professionnelle

Le deuil est une expérience qui transcende tous les aspects de notre vie, y compris notre carrière professionnelle. Il est tout à fait normal que le deuil puisse affecter notre travail, notre concentration et notre performance au travail. Dans cette section, nous explorerons comment le deuil peut influencer notre vie professionnelle et comment nous pouvons gérer ces défis.

Difficultés de Concentration et de Performance

Lorsque nous faisons face à une perte significative, il est naturel que notre esprit soit préoccupé par nos émotions et nos souvenirs. Cela peut rendre la concentration au travail difficile. Nous pouvons nous retrouver à avoir du mal à rester concentrés sur les tâches, à être distraits par nos pensées et nos émotions.

Communication avec les Collègues et les Supérieurs

Une autre dimension de l'impact du deuil sur la vie professionnelle réside dans la communication. Souvent, nos collègues et nos supérieurs hiérarchiques ne sont pas au courant de notre deuil, en particulier si nous ne partageons pas cette information. Cela peut entraîner des malentendus, car nos comportements au travail peuvent sembler inhabituels sans contexte.

Gérer le Deuil au Travail

Pour faire face à ces défis, il est essentiel de mettre en place des stratégies pour gérer le deuil au travail. Tout d'abord, il peut être utile de communiquer avec ses collègues et son supérieur hiérarchique de manière appropriée. Partager votre situation peut les aider à comprendre ce que vous traversez et à ajuster leurs attentes.

De plus, il est important de prendre soin de votre bien-être émotionnel. Cela peut inclure des pauses régulières pour se recueillir ou réfléchir, des séances de soutien avec un conseiller ou un groupe de soutien, et des techniques d'auto-soins pour gérer le stress au travail.

Le deuil est une expérience complexe qui peut avoir un impact significatif sur notre vie professionnelle. Il est important de reconnaître que cela est normal et de mettre en place des stratégies pour faire face à ces défis. La communication ouverte avec les collègues et les supérieurs hiérarchiques, ainsi que le soin de notre bien-être émotionnel, sont essentiels pour nous aider à traverser cette période difficile au travail. Dans la prochaine section, nous explorerons la reconstruction des relations après une perte, y compris les relations professionnelles.

L'Impact du Deuil sur la Vie Sociale

La perte d'un être cher est une expérience profondément bouleversante qui peut avoir des répercussions sur notre vie sociale. Dans cette section, nous explorerons comment le deuil peut influencer nos relations sociales et comment nous pouvons faire face à ces changements.

Changements dans nos Cercles Sociaux

Après la perte d'un être cher, il est courant de ressentir des changements dans nos cercles sociaux. Certaines personnes de notre entourage peuvent ne pas savoir comment réagir face à notre deuil, ce qui peut les amener à se retirer ou à éviter notre compagnie. Cela peut être particulièrement vrai si elles n'ont pas vécu une perte similaire et se sentent mal à l'aise dans cette situation.

Évolution de nos Besoins Sociaux

Il est important de reconnaître que nos besoins sociaux peuvent évoluer après une perte significative. Dans les premiers stades du deuil, nous pouvons avoir besoin de solitude et de temps pour traiter notre douleur. Cependant, à mesure que le temps passe, nous pouvons ressentir le désir de renouer avec nos relations sociales et de rechercher le soutien de ceux qui comprennent notre expérience.

Gérer les Changements Sociaux

Pour faire face aux changements dans nos cercles sociaux après une perte, il est essentiel de maintenir une communication ouverte et honnête avec nos amis et notre famille. Nous pouvons expliquer nos besoins émotionnels et notre désir de rester connectés. Certaines personnes peuvent être prêtes à offrir leur soutien une fois qu'elles comprennent mieux ce que nous vivons.

De plus, il peut être bénéfique de rejoindre un groupe de soutien en deuil ou de consulter un professionnel de la santé mentale. Ces ressources peuvent fournir un espace pour partager nos émotions et nos expériences avec d'autres personnes qui traversent des deuils similaires.

La perte d'un être cher peut avoir un impact sur notre vie sociale, mais il est important de reconnaître que nos besoins sociaux peuvent évoluer. La communication ouverte avec nos amis et notre famille est cruciale pour maintenir des relations saines, et le soutien de groupes de deuil ou de professionnels de la santé mentale peut également jouer un rôle essentiel dans la gestion de ces changements sociaux. Dans la prochaine section, nous explorerons la reconstruction des relations après une perte, y compris les relations familiales.

Stratégies pour faire face aux transitions et aux changements de rôle :

Communiquez : L'Importance de la Communication en Deuil

La communication ouverte est un élément essentiel pour faire face au deuil. Dans cette section, nous examinerons en détail pourquoi il est si crucial de parler ouvertement de vos besoins, de vos préoccupations et de vos limites avec votre famille, vos collègues et vos amis.

1 . Éviter les Malentendus

Le deuil est une expérience personnelle et unique, et il peut être difficile pour les personnes de notre entourage de comprendre pleinement ce que nous vivons. Cela peut conduire à des malentendus, à des attentes non satisfaites et à des frustrations, à la fois pour nous et pour nos proches.

Exemple :

Imaginons un homme en deuil qui a du mal à se concentrer au travail. Ses collègues pourraient penser qu'il manque de motivation ou d'implication, alors qu'en réalité, il traverse une période de deuil difficile.

Obtenir le Soutien Nécessaire

En parlant ouvertement de nos besoins, de nos préoccupations et de nos limites, nous pouvons obtenir le soutien dont nous avons besoin. Nos proches peuvent être prêts à nous aider et à s'adapter à nos besoins spécifiques, mais ils ne le sauront que si nous communiquons nos sentiments.

Exemple :

L'homme en deuil peut parler à son supérieur hiérarchique de la situation et expliquer que, bien qu'il veuille maintenir sa performance au travail, il a besoin d'un soutien temporaire pour faire face à sa perte.

Renforcer les Relations

La communication ouverte peut également renforcer nos relations. Lorsque nous partageons nos émotions et nos besoins avec nos proches, cela peut créer un sentiment de compréhension mutuelle et de solidarité.

Exemple :

La femme en deuil qui parle ouvertement avec sa famille de son désir de maintenir des liens sociaux peut trouver un soutien précieux et renforcer ses relations familiales.

Comment Parler ouvertement en Deuil

La communication ouverte en deuil peut sembler difficile, mais il existe des moyens d'aborder cette conversation délicate. Il est utile de choisir un moment approprié, de se préparer mentalement à la conversation et d'utiliser des phrases "je" pour exprimer ses sentiments et besoins.

Exemple :

L'homme en deuil peut dire : "Je traverse actuellement une période très difficile en raison de la perte de mon être cher. J'apprécierais votre compréhension et votre soutien au travail pour me permettre de traverser cette épreuve."

En résumé, la communication ouverte en deuil est essentielle pour éviter les malentendus, obtenir le soutien nécessaire et renforcer les relations. Il est important de se rappeler que nos proches ne peuvent pas lire dans nos pensées, il est donc crucial de partager nos émotions et nos besoins de manière honnête et respectueuse. Dans la prochaine section, nous explorerons davantage la reconstruction des relations et de la vie quotidienne après une perte significative.

2. Acceptez l'ajustement :

Dans cette section, nous allons explorer l'importance d'ajuster vos attentes par rapport à votre rôle précédent et de ne pas hésiter à demander de l'aide lorsque cela est nécessaire. Le deuil peut bouleverser votre vie de nombreuses manières, et il est essentiel de reconnaître que vous n'avez pas à tout gérer seul.

Le Changement de Rôle en Deuil

Le deuil peut entraîner un changement significatif de rôles et de responsabilités. Par exemple, après la perte d'un conjoint, un parent seul peut devoir assumer de nouvelles responsabilités familiales. Il est essentiel de comprendre que ce changement est normal et de ne pas se sentir obligé de tout maintenir comme avant.

Exemple :

Une femme qui a perdu son mari peut se sentir dépassée par les nouvelles responsabilités financières. Elle doit reconnaître qu'il est normal de se sentir ainsi et qu'elle peut chercher de l'aide pour gérer ces responsabilités.

L'Importance de Demander de l'Aide

Demander de l'aide est une étape essentielle pour faire face au deuil. Vous n'avez pas à tout porter sur vos épaules. Il peut être utile de solliciter le soutien de membres de la famille, d'amis, de groupes de soutien ou de professionnels de la santé mentale.

Exemple :

Le parent seul mentionné précédemment peut demander de l'aide à un conseiller financier pour mieux comprendre sa situation financière et établir un plan financier.

Reconnaître vos Limites

Il est tout à fait normal d'avoir des limites et de reconnaître que vous ne pouvez pas tout faire. Le deuil peut être épuisant sur le plan émotionnel, mental et physique. Il est important de prendre soin de vous et de ne pas vous surcharger.

Exemple :

Un homme en deuil qui travaille peut se sentir submergé par ses émotions et le stress au travail. Il doit reconnaître ses limites et peut envisager de prendre un congé ou de parler à son employeur de ses besoins spécifiques.

En résumé, il est essentiel d'ajuster vos attentes par rapport à votre rôle précédent en deuil, de demander de l'aide lorsque cela est nécessaire et de reconnaître vos limites. Le deuil est un voyage difficile, mais il est possible de le traverser avec le soutien approprié. Dans la prochaine section, nous explorerons davantage la reconstruction des relations et de la vie quotidienne après une perte significative.

3. Cherchez un soutien professionnel :

Dans cette section, nous allons discuter de l'importance de consulter un thérapeute ou un conseiller lorsque vous traversez une période de deuil. Le deuil peut être une expérience émotionnellement éprouvante et déconcertante, et parler à un professionnel peut vous offrir un soutien essentiel pour mieux comprendre vos émotions et développer des stratégies pour faire face aux transitions.

Comprendre Vos Émotions

Lorsque vous perdez un être cher, il est normal de ressentir toute une gamme d'émotions, notamment la tristesse, la colère, la culpabilité, la confusion et la douleur. Ces émotions peuvent être accablantes et difficiles à comprendre. Un thérapeute qualifié peut vous aider à explorer et à comprendre ces émotions, ce qui peut être le premier pas vers la guérison.

Exemple :

Une femme qui a perdu son frère peut ressentir une colère intense envers lui, même si elle sait que ce sentiment est irrationnel. En parlant à un thérapeute, elle peut découvrir que sa colère cache en réalité une profonde tristesse et un sentiment d'injustice lié à la perte de son frère.

Développer des Stratégies pour Faire Face aux Transitions

Le deuil peut entraîner de nombreux changements et transitions dans votre vie. Vous pourriez devoir vous adapter à un nouvel ensemble de circonstances, de responsabilités et de relations. Un thérapeute peut vous aider à élaborer des stratégies pour faire face à ces transitions de manière saine et constructive.

Exemple :

Un homme qui a perdu son épouse peut être submergé par le sentiment d'isolement. Un thérapeute peut l'aider à explorer des moyens de se reconstruire socialement en participant à des activités sociales ou en rejoignant des groupes de soutien.

Le Rôle du Thérapeute en Deuil

Les thérapeutes et les conseillers formés en deuil comprennent les complexités de cette expérience difficile. Ils offrent un espace sûr et non jugeant pour exprimer vos émotions les plus profondes. Leur expertise vous guidera à travers les différentes étapes du deuil et vous aidera à trouver des moyens de vous adapter à votre nouvelle réalité.

En fin de compte, parler à un thérapeute ou à un conseiller peut être un élément clé de votre parcours de deuil. Cela vous permettra de mieux comprendre vos émotions, de développer des stratégies pour faire face aux transitions et de progresser vers la guérison. N'hésitez pas à rechercher un professionnel compétent pour vous soutenir dans cette période difficile. Dans la prochaine section, nous explorerons davantage la reconstruction des relations et de la vie quotidienne après une perte significative.

Faire face aux transitions et aux changements de rôle est une partie cruciale du processus de deuil. Cela peut être difficile, mais cela peut aussi mener à une meilleure compréhension de nous-mêmes et à une croissance personnelle. Dans la deuxième partie de ce chapitre, nous explorerons davantage la reconstruction des relations et de la vie quotidienne après la perte d'un être cher.

La Reconstruction des Relations et de la Vie Quotidienne Après le Deuil

Dans cette section, nous aborderons un aspect essentiel du processus de deuil : la reconstruction des relations et de la vie quotidienne après la perte d'un être cher. Le deuil peut avoir un impact significatif sur nos interactions sociales et notre routine quotidienne. Il est important de comprendre comment naviguer à travers ces changements et comment rebâtir notre vie.

Rétablir les Liens Sociaux

Après la perte d'un être cher, il est courant de constater des changements dans nos relations sociales. Certaines personnes peuvent se sentir mal à l'aise en présence de ceux qui sont en deuil, craignant de dire quelque chose de mal ou de ne pas savoir comment offrir leur soutien. D'autres peuvent éviter délibérément la personne en deuil par crainte de l'affronter. Ces réactions, bien qu'elles puissent être comprises, peuvent souvent entraîner une forme d'isolement social.

Exemple :

Un homme qui a perdu sa femme a remarqué que certains de ses amis évitaient de le contacter après la perte. Il a supposé que ce fût parce qu'ils ne savaient pas comment réagir face à sa douleur. Cette situation l'a laissé avec un sentiment de solitude et d'abandon.

La Reconstruction des Relations

La reconstruction des relations sociales est un processus important pour ceux qui font face au deuil. Cela peut prendre du temps, mais il existe des moyens de favoriser cette reconstruction.

Communiquez ouvertement : Il est essentiel de communiquer ouvertement avec vos amis et votre famille au sujet de vos besoins, de vos préoccupations et de vos limites. Si vous avez besoin de parler de votre perte ou de recevoir un soutien particulier, assurez-vous de le faire savoir. Les autres ne peuvent pas toujours deviner ce dont vous avez besoin.

Recherchez un soutien professionnel : Parfois, il peut être utile de consulter un conseiller ou un thérapeute qui peut vous aider à gérer vos émotions liées au deuil et à développer des stratégies pour reconstruire vos relations sociales.

Participez à des groupes de soutien : Les groupes de soutien en deuil peuvent offrir un espace où vous pouvez rencontrer d'autres personnes qui traversent des expériences similaires. Cela peut aider à briser l'isolement et à trouver du soutien auprès de ceux qui comprennent votre douleur.

Construire de Nouvelles Relations

Il est important de se rappeler que la reconstruction des relations sociales ne signifie pas nécessairement rétablir les mêmes liens que vous aviez avant la perte. Vous pouvez également envisager de construire de nouvelles relations avec des personnes qui comprennent votre situation.

Exemple :

Une femme en deuil a rejoint un groupe de bénévoles travaillant avec des organisations caritatives. Elle a trouvé du réconfort et un nouveau cercle social en partageant son temps et son expérience avec d'autres bénévoles qui avaient également connu des pertes.

La reconstruction des relations sociales après une perte est un processus délicat mais crucial pour le bien-être émotionnel. Il nécessite souvent une communication ouverte, le soutien de professionnels de la santé mentale si nécessaire, et parfois l'exploration de nouvelles relations. N'oubliez pas que vous n'êtes pas seul dans ce processus, et que de nombreuses personnes sont prêtes à vous soutenir à mesure que vous avancez dans votre cheminement de deuil.

S'Adapter aux Changements de Rôle

La dynamique familiale est profondément influencée par la perte d'un être cher, et ces changements peuvent être à la fois délicats et significatifs. Lorsqu'un membre de la famille décède, cela peut entraîner des changements de rôle et de responsabilités au sein de la famille, et cela peut avoir des répercussions sur les relations entre les membres de la famille.

Les Changements de Rôle au Sein de la Famille

Un décès peut signifier que les enfants adultes se trouvent soudainement confrontés à de nouvelles responsabilités familiales. Par exemple, un fils ou une fille adulte pourrait devoir prendre en charge des tâches qui étaient autrefois assurées par le parent décédé, telles que la gestion des finances familiales, la coordination des soins médicaux pour d'autres membres de la famille ou même le soutien émotionnel des autres membres de la famille en deuil. Cela peut représenter un défi considérable, car ces nouvelles responsabilités peuvent être accablantes.

Opportunité de Renforcer les Liens Familiaux

Bien que ces changements de rôle puissent être source de tension et de stress, ils peuvent également offrir une opportunité précieuse de renforcer les liens familiaux. Travailler ensemble pour faire face à une perte peut rapprocher les membres de la famille et renforcer leur soutien mutuel.

La Communication au Sein de la Famille

La communication est essentielle pour gérer ces changements de rôle au sein de la famille. Les membres de la famille doivent être prêts à parler ouvertement de leurs préoccupations, de leurs besoins et de leurs limites. Cela peut aider à éviter les malentendus et à garantir que chaque membre de la famille se sente entendu et soutenu.

La perte d'un être cher peut entraîner des changements de rôle au sein de la famille, mais ces changements peuvent également être l'occasion de renforcer les liens familiaux. La communication ouverte, le soutien mutuel et la volonté de travailler ensemble sont essentiels pour aider la famille à s'adapter à ces nouvelles responsabilités et à surmonter les défis qui se présentent. Le deuil peut être un processus difficile, mais il peut également favoriser la croissance et la solidification des relations familiales.

La Réintégration de la Routine Quotidienne

La perte d'un être cher est l'une des expériences les plus bouleversantes que nous puissions traverser, et elle peut avoir un impact profond sur notre capacité à maintenir une routine quotidienne stable. La douleur, le chagrin et la confusion émotionnelle qui accompagnent le deuil peuvent rendre les activités de la vie quotidienne autrefois simples et routinières beaucoup plus compliquées. Cependant, il est essentiel de reconnaître l'importance de réintégrer progressivement une routine quotidienne pour favoriser la guérison et la réadaptation.

L'Impact du Deuil sur la Routine Quotidienne

Le deuil peut perturber de nombreux aspects de notre vie quotidienne. Les symptômes du deuil, tels que la tristesse profonde, l'anxiété, la fatigue et la perte d'intérêt pour les activités habituelles, peuvent rendre difficile la réalisation des tâches quotidiennes. Les personnes en deuil peuvent avoir du mal à se lever le matin, à maintenir des habitudes alimentaires saines, à prendre soin d'elles-mêmes et à maintenir des interactions sociales normales. La routine peut sembler vide et sans signification, car la perte de l'être cher laisse un vide émotionnel écrasant.

L'Importance de Rétablir une Routine

Pourtant, la réintégration d'une routine quotidienne est un élément clé du processus de deuil. Voici quelques raisons pour lesquelles cela est important :

1. Stabilité et Normalité : La routine quotidienne peut offrir une certaine forme de stabilité et de normalité dans un monde qui semble s'effondrer. Elle permet de créer des repères dans un moment de tumulte émotionnel.

2. Soutien Emotionnel : Participer à des activités quotidiennes peut fournir un certain niveau de distraction par rapport à la douleur du deuil. Cela peut offrir un soulagement temporaire et aider à gérer l'intensité émotionnelle.

3. Maintien de la Santé Physique et Mentale : Négliger la routine quotidienne, telle que l'alimentation, le sommeil et l'exercice, peut avoir un impact négatif sur la santé physique et mentale. Le maintien de ces habitudes peut aider à préserver le bien-être général.

*L'Adaptation de la Routine

Il est important de noter que la réintégration de la routine ne signifie pas ignorer ou minimiser la douleur du deuil. Au contraire, il s'agit de trouver un équilibre entre la nécessité de faire face à la perte et la nécessité de maintenir une certaine normalité dans la vie quotidienne.

Pour certains, cela peut signifier commencer par de petites étapes, comme se lever à la même heure chaque jour, prendre un repas nutritif ou faire une courte promenade. Pour d'autres, cela peut impliquer de reprendre lentement le travail ou les activités sociales. Il n'y a pas de règles strictes en matière de rétablissement de la routine ; cela doit être adapté à chaque individu en deuil.

Soutien Professionnel et Social

Il est également important de souligner que le soutien professionnel et social peut jouer un rôle essentiel dans l'aide aux personnes en deuil pour rétablir leur routine. Les amis, la famille et les collègues peuvent offrir un soutien précieux en encourageant doucement la réintégration de la routine. Parler à un thérapeute ou à un conseiller peut également fournir un espace pour explorer les défis du deuil et développer des stratégies pour rétablir la routine.

La perte d'un être cher peut perturber profondément la routine quotidienne, mais il est important de reconnaître l'importance de rétablir progressivement une certaine normalité dans la vie. Cela peut contribuer à la stabilité émotionnelle, au soutien physique et mental, et au processus de guérison global après une perte significative. Chacun gère le deuil à sa manière, et il n'y a pas de chemin unique vers la réintégration de la routine. L'essentiel est d'écouter ses propres besoins et de trouver un équilibre qui favorise la guérison.

La reconstruction des relations et de la vie quotidienne après le deuil est une étape importante du processus de guérison. Cela peut nécessiter des ajustements, des efforts et du temps. N'oubliez pas que chaque personne réagit différemment au deuil, et il n'y a pas de chemin prédéfini. Dans la prochaine section, nous explorerons la prévention du deuil compliqué, un aspect crucial pour ceux qui ont du mal à surmonter leur deuil.

La prévention du deuil compliqué

Le deuil est une réaction naturelle à la perte d'un être cher, mais il peut parfois prendre une tournure plus compliquée. Le deuil compliqué, également connu sous le nom de deuil pathologique, est caractérisé par une intensité et une durée exceptionnelle des symptômes de deuil. Les personnes en deuil compliqué peuvent avoir du mal à trouver un sens à leur perte, à s'adapter à leur nouvelle réalité ou à reprendre une vie normale. Dans cette troisième partie du chapitre sur la reconstruction, nous explorerons comment prévenir et aborder le deuil compliqué.

Identifier les Signes Précoces

La prévention du deuil compliqué commence souvent par la reconnaissance des signes précoces. Il est essentiel de comprendre que chaque individu réagit différemment au deuil, et il n'y a pas de calendrier universel pour guider le processus. Cependant, certains signes peuvent indiquer que le deuil évolue vers une forme plus complexe. Ces signes peuvent inclure :

1. Isolement social extrême : Se retirer complètement des amis et de la famille, évitant tout contact social.

2. Pensées suicidaires : Exprimer des idées suicidaires ou montrer des signes de désespoir extrême.

3. Comportements autodestructeurs : Engager des comportements nocifs pour la santé, tels que la consommation excessive d'alcool ou de drogues.

4. Troubles du sommeil graves : Des problèmes de sommeil persistants, tels que l'insomnie grave ou l'hyposomnie.

5. Dépression sévère : Des symptômes dépressifs majeurs tels que la perte d'intérêt pour toutes les activités, des sentiments d'inutilité et de désespoir.

6. Hallucinations ou délires : Percevoir la présence de la personne décédée ou avoir des pensées irrationnelles liées à la perte.

Intervention Précoce

Lorsque des signes de deuil compliqué sont identifiés, il est impératif d'intervenir rapidement. L'une des approches les plus efficaces est d'encourager la personne en deuil à rechercher un soutien professionnel. Les thérapeutes spécialisés en deuil et en deuil compliqué peuvent aider à explorer les émotions et les pensées complexes associées à la perte.

L'importance du Soutien Social

Outre le soutien professionnel, le réseau social de la personne en deuil joue un rôle crucial dans la prévention du deuil compliqué. Les amis, la famille et les proches doivent rester attentifs aux signes de détresse émotionnelle et offrir leur soutien. Écouter sans jugement, partager des moments de qualité et proposer une assistance pratique peuvent aider à atténuer le fardeau du deuil.

Ritualisation et Célébration de la Vie

Pour prévenir le deuil compliqué, il peut également être utile de favoriser la ritualisation et la célébration de la vie de la personne décédée. Créer des rituels significatifs pour honorer la mémoire de l'être cher peut apporter un sentiment de clôture et de continuité. La célébration des moments heureux et des réalisations de la personne décédée peut contribuer à réduire l'intensité de la douleur.

Le chapitre "Le Chemin vers la Reconstruction" explore les défis et les opportunités qui se présentent aux personnes en deuil lorsqu'elles tentent de reconstruire leur vie après la perte d'un être cher. La troisième partie de ce chapitre se concentre sur la prévention du deuil compliqué, un état où le deuil devient particulièrement difficile et peut nécessiter une intervention professionnelle. Voici les principaux points abordés dans ce chapitre :

1. Reconnaître les Signes du Deuil Compliqué : La prévention du deuil compliqué commence par la reconnaissance précoce des signes. Ces signes peuvent inclure un isolement social extrême, des pensées suicidaires, des comportements autodestructeurs, des troubles du sommeil graves, une dépression sévère, et des hallucinations ou des délires. Il est essentiel d'identifier ces signes afin d'intervenir rapidement.

2. Intervenir Rapidement : Lorsque des signes de deuil compliqué sont identifiés, une intervention précoce est cruciale. Le soutien professionnel, tel que la thérapie de deuil, peut aider à explorer les émotions complexes liées à la perte et à fournir des outils pour faire face.

3. Rôle du Soutien Social : En plus du soutien professionnel, le réseau social de la personne en deuil joue un rôle essentiel dans la prévention du deuil compliqué. Les amis, la famille et les proches doivent rester attentifs aux signes de détresse émotionnelle et offrir leur soutien en écoutant sans jugement et en partageant des moments de qualité.

4. Rituel et Célébration de la Vie : La ritualisation et la célébration de la vie de la personne décédée peuvent aider à réduire l'intensité de la douleur. Créer des rituels significatifs pour honorer la mémoire de l'être cher et célébrer les moments heureux de sa vie peut apporter un sentiment de clôture et de continuité.

En conclusion, la prévention du deuil compliqué repose sur une intervention précoce, une reconnaissance des signes de détresse, et un soutien professionnel et social. Le deuil est un processus individuel et complexe, mais avec le bon soutien, la plupart des personnes en deuil peuvent trouver un chemin vers la guérison. Le deuil ne disparaît jamais complètement, mais il peut évoluer vers une forme plus gérable, permettant aux individus de progresser dans leur vie après la perte d'un être cher.

Le chapitre "L'Héritage du Deuil" explore les façons dont le deuil peut influencer et façonner notre vie au-delà de la période initiale de chagrin. Alors que nous progressons après la perte d'un être cher, nous sommes souvent confrontés à des questions profondes sur la mémoire, la signification de la vie et notre capacité à soutenir les autres dans leur propre processus de deuil. Ce chapitre se décompose en trois parties essentielles :

Comment honorer et perpétuer la mémoire de la personne décédée :

 Le deuil ne se limite pas à la gestion de la douleur. Il nous donne également l'occasion de célébrer et de perpétuer la mémoire de la personne que nous avons perdue. Nous explorerons des moyens concrets de rendre hommage à leur vie, que ce soit par le biais de rituels, de mémoriaux, ou en contribuant à des causes qui leur étaient chères.

L'impact du deuil sur la perspective de la vie :

La perte d'un être cher peut profondément remodeler notre perspective sur la vie. Nous discuterons de la manière dont le deuil peut nous amener à réfléchir à nos valeurs, à nos priorités et à notre propre mortalité. Ce processus peut inciter à repenser notre façon de vivre et à rechercher un sens plus profond dans nos actions quotidiennes.

L'aide potentielle que l'on peut apporter aux autres en deuil :

 Ayant traversé la douleur du deuil, nous pouvons devenir des ressources précieuses pour ceux qui sont confrontés à des pertes similaires. Nous aborderons la manière dont notre propre expérience de deuil peut être mise au service des autres, que ce soit en offrant un soutien émotionnel, en participant à des groupes de soutien ou en s'engageant dans des actions bénévoles.

Ce chapitre vous guidera à travers ces aspects complexes du deuil et vous donnera des outils pour honorer la mémoire de votre être cher, trouver un nouveau sens dans votre vie, et soutenir les autres qui vivent des expériences similaires. Au fur et à mesure que nous explorons l'héritage du deuil, nous découvrons comment cette expérience, bien que douloureuse, peut également être une source de croissance personnelle et de connexion avec notre humanité commune.

Reconnaître les Signes du Deuil Compliqué

Dans ce premier chapitre de "Le Chemin vers la Reconstruction," nous plongeons dans l'un des aspects les plus délicats et essentiels du processus de deuil : la reconnaissance des signes du deuil compliqué. Alors que la plupart des personnes traversent le deuil de manière naturelle et progressent vers la guérison, il arrive parfois que le deuil devienne compliqué, entraînant une détresse émotionnelle profonde et prolongée.

Le deuil compliqué se caractérise par une incapacité à s'adapter au fil du temps et à reprendre une vie normale. Les émotions restent intenses et préoccupantes, et la personne endeuillée peut se sentir coincée dans un cycle de douleur, de colère, de culpabilité ou de désespoir. Les signes du deuil compliqué sont variés, mais ils incluent généralement :

Une douleur intense et prolongée : Il est essentiel de comprendre que la douleur est une réaction tout à fait normale à la perte d'un être cher. Après tout, le deuil est une expérience émotionnelle complexe qui peut susciter une gamme de sentiments, y compris la tristesse, la colère, la culpabilité et le désespoir. Ces émotions sont des réponses naturelles à la perte, et il est normal de les ressentir intensément au début du processus de deuil.

Cependant, il devient préoccupant lorsque cette douleur persiste de manière excessive et entrave la capacité d'une personne à mener une vie quotidienne fonctionnelle. Cela peut se manifester de plusieurs manières :

1. Isolement social : Une personne en deuil compliqué peut se retirer de son entourage social, évitant les amis et la famille. Cela peut aggraver la solitude et la détresse émotionnelle.

2. Incapacité à maintenir des routines : La douleur intense peut rendre difficile l'accomplissement de tâches quotidiennes telles que le travail, les soins personnels ou les responsabilités familiales.

3. Problèmes de concentration : La douleur persistante peut perturber la capacité à se concentrer, ce qui peut entraîner des problèmes au travail ou à l'école.

4. Troubles du sommeil et de l'appétit : Le deuil compliqué peut entraîner des troubles du sommeil, tels que l'insomnie, ou des changements dans les habitudes alimentaires, tels que la perte d'appétit.

5. Pensées suicidaires : Dans les cas graves, la douleur continue peut conduire à des pensées suicidaires ou à des tentatives de suicide.

Ces signes sont un indicateur que le deuil prend une forme compliquée et que la personne endeuillée a besoin d'une aide supplémentaire pour traverser cette période difficile. Il est essentiel de chercher un soutien professionnel, tel qu'un psychologue ou un conseiller en deuil, pour explorer ces émotions, apprendre à les gérer et progresser vers la guérison.

Le deuil compliqué n'est pas un signe de faiblesse, mais plutôt une indication que le processus de deuil nécessite une attention particulière. Il est important de se rappeler que l'aide est disponible et que de nombreuses personnes ont surmonté avec succès le deuil compliqué pour retrouver un sentiment de bien-être et de normalité. La clé est de reconnaître ces signes précocement et de chercher le soutien nécessaire pour permettre à la guérison de progresser.

L'incapacité à fonctionner : Le deuil compliqué est une expérience profondément difficile qui peut avoir un impact significatif sur la vie quotidienne des personnes qui le traversent. L'une des caractéristiques clés du deuil compliqué est la difficulté à fonctionner normalement dans la vie quotidienne, que ce soit au travail, à la maison ou dans les relations interpersonnelles. Explorons plus en détail comment cela peut se manifester :

1. Difficulté à accomplir des tâches quotidiennes : Les personnes en deuil compliqué peuvent éprouver des difficultés à effectuer les tâches les plus simples de la vie quotidienne, telles que se lever le matin, préparer les repas ou prendre soin d'elles-mêmes. La douleur émotionnelle peut être tellement accablante qu'elle interfère avec leur capacité à maintenir une routine quotidienne.

2. Impact sur le travail : Le deuil compliqué peut entraîner une baisse de la performance au travail. Les personnes en deuil peuvent avoir du mal à se concentrer, à prendre des décisions ou à interagir avec leurs collègues. Cela peut avoir des conséquences professionnelles, y compris des retards, des erreurs et même des problèmes d'emploi.

3. Problèmes relationnels : Les relations interpersonnelles peuvent être gravement touchées par le deuil compliqué. Une personne en deuil peut se retirer émotionnellement de ses proches, rencontrer des difficultés à exprimer ses besoins et ses émotions, ou même ressentir de la colère ou de la frustration envers ceux qui l'entourent.

4. Isolement social : Le deuil compliqué peut également conduire à un isolement social. Les personnes en deuil peuvent éviter les activités sociales, les amis et les membres de leur famille, ce qui peut aggraver leur détresse émotionnelle en les isolant davantage.

5. Problèmes de sommeil et d'alimentation : Le deuil compliqué peut perturber le sommeil et l'appétit. Certaines personnes peuvent avoir des problèmes d'insomnie ou au contraire dormir excessivement. Les changements dans les habitudes alimentaires, comme la perte ou le gain de poids, sont également fréquents.

Il est important de reconnaître que ces symptômes sont des réponses normales à une perte significative. Cependant, lorsqu'ils persistent et entravent gravement la vie quotidienne, ils peuvent être le signe d'un deuil compliqué qui nécessite une attention particulière.

Le soutien de professionnels de la santé mentale, tels que les psychologues ou les conseillers en deuil, peut être essentiel pour aider les personnes en deuil compliqué à retrouver leur fonctionnement quotidien. Les stratégies de gestion du stress, la thérapie individuelle et de groupe, ainsi que le soutien social, sont autant d'approches qui peuvent contribuer à aider les personnes à surmonter les défis du deuil compliqué et à reprendre le cours de leur vie.

Un isolement social :

Il est tout à fait courant que certaines personnes en deuil choisissent de se retirer de leur entourage social. Cela peut sembler paradoxal, car le soutien social est souvent considéré comme essentiel pour faire face à la perte d'un être cher. Cependant, il est important de comprendre que le deuil est une expérience profondément personnelle et que chacun réagit différemment.

Le retrait social peut se produire pour plusieurs raisons :

1. Sentiment d'incompréhension : Une personne en deuil peut se sentir incomprise par son entourage, en particulier si les proches n'ont jamais vécu une perte similaire. Cela peut créer un fossé de communication et conduire à un isolement.

2. Honte ou culpabilité : Le deuil peut susciter des émotions complexes, y compris la culpabilité ou la honte. Une personne en deuil peut se retirer pour éviter de faire face à ces émotions en présence d'autres personnes.

3. Besoin de solitude : Le deuil peut être une période de réflexion profonde et de recherche de sens. Certaines personnes ont besoin de solitude pour traiter leurs émotions et réfléchir à leur situation.

4. Peur de la vulnérabilité : Le deuil rend souvent les personnes plus vulnérables émotionnellement. Certaines personnes peuvent craindre de montrer cette vulnérabilité à leur entourage par peur d'être jugées ou mal comprises.

5. Manque d'énergie : Le deuil est épuisant sur le plan émotionnel et physique. Une personne en deuil peut se retirer parce qu'elle se sent tout simplement épuisée et incapable de maintenir des interactions sociales.

Cependant, il est important de noter que le retrait social prolongé peut aggraver la détresse émotionnelle. Le soutien social joue un rôle crucial dans le processus de deuil, car il offre une connexion, une empathie et un réconfort. Il peut être utile d'encourager doucement la personne en deuil à maintenir des contacts sociaux, même si cela se fait à un rythme lent et selon ses propres termes.

La compréhension et la patience de la part de la famille et des amis sont essentielles dans ces moments. Le deuil est un processus complexe, et il est important de respecter le rythme individuel de chacun. Dans certains cas, l'aide d'un professionnel de la santé mentale peut être nécessaire pour aider la personne en deuil à surmonter le retrait social et à trouver des moyens sains de faire face à sa perte.

Des pensées suicidaires :

Le deuil compliqué est une expérience dévastatrice qui peut pousser certaines personnes à des limites très sombres de leur psyché. Dans les cas les plus graves, il peut malheureusement conduire à des pensées suicidaires ou à des tentatives de suicide. Cette réalité tragique met en lumière à quel point il est essentiel de reconnaître et de traiter le deuil compliqué de manière appropriée.

Voici quelques éléments importants à comprendre :

1. Pensées suicidaires : Le deuil compliqué peut plonger une personne dans un état de désespoir profond. Elle peut commencer à ressentir que la vie n'a plus de sens, que la douleur est insupportable et qu'il n'y a pas d'issue. Ces sentiments peuvent éventuellement se transformer en pensées suicidaires, où la personne envisage la possibilité de mettre fin à sa propre vie.

2. Tentatives de suicide : Dans les cas les plus graves, ces pensées suicidaires peuvent se concrétiser en tentatives de suicide. La personne en deuil compliqué peut ressentir que c'est la seule façon d'échapper à sa douleur émotionnelle insupportable. Les tentatives de suicide sont des signaux d'alarme critiques qui indiquent une détresse psychologique profonde.

3. L'importance de l'aide professionnelle : Si vous ou quelqu'un que vous connaissez présentez des pensées suicidaires ou des signes de tentative de suicide, il est impératif de chercher immédiatement de l'aide professionnelle. Les psychologues, les psychiatres et les conseillers en santé mentale sont formés pour intervenir dans ces situations d'urgence. Les services d'urgence ou les hotlines de prévention du suicide sont également disponibles pour fournir un soutien immédiat.

4. Soutien social : Le soutien social joue également un rôle crucial. Si vous connaissez quelqu'un qui est en deuil compliqué, assurez-vous de rester à ses côtés, d'écouter avec empathie et de l'encourager à chercher de l'aide professionnelle. Le simple fait de partager ses émotions peut parfois apporter un soulagement temporaire.

5. La prévention du suicide est possible : Il est important de souligner que, même dans les situations les plus sombres, la prévention du suicide est possible. Les personnes en deuil compliqué peuvent retrouver un sens à leur vie, surmonter leur douleur et trouver un soutien pour les aider à traverser cette période difficile.

Il est fondamental de prendre les signes de pensées suicidaires ou de tentatives de suicide au sérieux et de réagir rapidement. Le deuil compliqué est une expérience extrêmement douloureuse, mais avec le bon soutien et le traitement approprié, il est possible de se rétablir. Si vous ou quelqu'un que vous connaissez êtes confronté à de telles situations, n'hésitez pas à rechercher de l'aide immédiate. La vie, même après une perte déchirante, peut retrouver un sens et une signification.

Un sentiment de désespoir :

Les personnes en deuil compliqué vivent une réalité accablante où l'espoir semble souvent hors de portée. Leur douleur est si profonde et persistante qu'elles peuvent perdre tout espoir de se sentir mieux un jour. Cette perception de désespoir est l'un des aspects les plus troublants du deuil compliqué, et il est crucial de comprendre pourquoi cela se produit et comment y faire face.

Voici quelques éléments clés à prendre en compte :

1. La nature du deuil compliqué : Le deuil compliqué diffère du deuil ordinaire en ce sens qu'il est marqué par des caractéristiques particulières. Il persiste souvent pendant une période anormalement longue, empêchant la personne en deuil de reprendre une vie normale. Cette persistance peut être tellement décourageante que l'espoir de guérison s'amenuise.

2. Le sentiment d'isolement : Les personnes en deuil compliqué peuvent se sentir profondément seules dans leur douleur. Elles ont parfois l'impression que personne ne peut comprendre ce qu'elles traversent, ce qui renforce leur isolement émotionnel. Cela peut créer un cercle vicieux où elles se replient sur elles-mêmes, augmentant ainsi leur désespoir.

3. L'importance du soutien social : Le soutien social joue un rôle crucial dans la lutte contre le désespoir en deuil compliqué. Savoir que quelqu'un est là pour écouter, soutenir et comprendre peut apporter un soulagement significatif. Le simple fait de partager ses émotions peut aider à briser le sentiment d'isolement.

4. L'intervention professionnelle : Les personnes en deuil compliqué ont souvent besoin d'une intervention professionnelle. Les psychologues, les psychiatres et les conseillers en santé mentale sont formés pour aider les individus à surmonter le deuil compliqué. Ils utilisent des thérapies spécifiques, telles que la thérapie cognitivo-comportementale, pour aider les personnes à faire face à leur douleur et à retrouver un sentiment d'espoir.

5. L'espoir de guérison : Il est essentiel de rappeler aux personnes en deuil compliqué qu'il est possible de guérir, même si cela prend du temps. L'espoir peut être ravivé par de petits progrès, par l'amélioration progressive de la qualité de vie et par le renforcement des liens sociaux. Chaque étape vers la guérison peut apporter un nouvel espoir.

6. La patience et la persévérance : Le processus de guérison en deuil compliqué est souvent long et semé d'obstacles. Il est important d'encourager la patience et la persévérance, car même lorsque le désespoir est omniprésent, le potentiel de rétablissement persiste.

En fin de compte, il est essentiel de comprendre que le désespoir en deuil compliqué est une réaction humaine face à une douleur accablante. Cependant, avec le soutien adéquat, la compréhension et l'intervention professionnelle, il est possible de raviver l'espoir et de surmonter cette épreuve. Chacun peut trouver son propre chemin vers la guérison, et le désespoir peut, éventuellement, céder la place à un sentiment de rétablissement et de renouveau.

L'impact du deuil sur la perspective de la vie

La perte d'un être cher peut avoir un impact profond et durable sur notre perspective de la vie. Dans cette deuxième partie du chapitre "Le Chemin vers la Reconstruction," nous explorerons en profondeur comment le deuil peut remodeler la manière dont nous percevons le monde qui nous entoure et comment cela peut influencer nos choix et nos actions.

La réévaluation des priorités est l'une des facettes les plus marquantes de l'expérience du deuil. Lorsque nous perdons un être cher, cela nous confronte souvent à une réalité incontournable : la vie est précieuse et éphémère. Cette prise de conscience peut entraîner une profonde réflexion sur ce qui compte vraiment dans nos vies.

Réflexion sur les aspirations matérielles : De nombreuses personnes passent une grande partie de leur vie à poursuivre des objectifs matérialistes tels que la réussite professionnelle, la richesse matérielle ou la notoriété. Cependant, après une perte significative, ces objectifs peuvent sembler vides et dénués de sens. Par exemple, quelqu'un qui avait consacré toute son énergie à sa carrière peut se rendre compte que sa réussite professionnelle n'a pas apporté le bonheur durable qu'il espérait. Cela peut conduire à un réexamen de ses priorités et à une décision de réduire l'importance accordée à la réussite matérielle.

Exemple : Sophie, une femme d'affaires prospère, a perdu son mari dans un accident tragique. Elle avait toujours été ambitieuse sur le plan professionnel, mais la perte de son mari l'a profondément secouée. Elle a réalisé que sa carrière avait pris le pas sur sa vie personnelle et sa relation avec son mari. À la suite de cette prise de conscience, elle a décidé de réduire ses heures de travail et de passer plus de temps avec sa famille et ses amis, redonnant ainsi la priorité à ses relations humaines.

Valorisation de l'amour et de la compassion : Après la perte d'un être cher, de nombreuses personnes éprouvent un désir accru d'amour et de connexion avec les autres. Elles comprennent que les relations significatives sont l'une des choses les plus précieuses que la vie a à offrir. Cette réorientation des priorités peut les encourager à investir du temps et de l'énergie dans la construction et le renforcement de relations personnelles profondes.

Exemple : Thomas, un homme qui avait toujours été centré sur sa carrière, a perdu sa mère à la suite d'une longue maladie. Sa relation avec sa mère était la plus importante de sa vie, et sa perte l'a conduit à réaliser à quel point il tenait à ses proches. Il a décidé de consacrer davantage de temps à sa famille et à ses amis, de montrer plus d'affection et de soutien à ceux qui comptaient pour lui.

Recherche du bonheur authentique : Le deuil peut également conduire à une quête du bonheur authentique. Les personnes en deuil sont souvent confrontées à la fragilité de la vie et à la réalisation que le temps est limité. Cela peut les inciter à explorer ce qui les rend réellement heureuses, au-delà des pressions sociales ou des attentes extérieures.

Exemple : Antoine, un homme qui avait toujours suivi les attentes de sa famille en matière de carrière, a perdu son frère dans un accident tragique. Cette perte l'a incité à réfléchir à ses propres rêves et à ce qui le rendrait vraiment heureux. Il a décidé de prendre un virage professionnel radical pour poursuivre sa passion, la photographie, et a trouvé un nouveau sens à sa vie.

En fin de compte, la réévaluation des priorités est un aspect fondamental du processus de deuil. Elle peut amener les personnes à découvrir des valeurs plus profondes et significatives qui deviennent la boussole de leur vie. C'est un témoignage de la capacité humaine à transformer la douleur en une opportunité de croissance et de réalignement avec ce qui compte vraiment.

Le renforcement de la gratitude est un aspect puissant du processus de deuil. Alors que la douleur de la perte peut sembler accablante, elle peut également aiguiser notre perception des moments précieux et des relations qui nous entourent. Les personnes en deuil deviennent souvent plus conscientes de la fragilité de la vie, ce qui les incite à apprécier davantage chaque instant et à exprimer leur gratitude envers les personnes qui les soutiennent.

Savoir apprécier les moments précieux : Le deuil peut nous rappeler que la vie est fragile et que chaque moment est précieux. Les souvenirs de la personne décédée deviennent des rappels constants de l'importance de vivre pleinement. Les personnes en deuil sont souvent motivées à tirer le meilleur parti de chaque jour et à créer des souvenirs significatifs avec leurs proches.

Exemple : Marie a perdu son père dans un accident de voiture. La douleur de cette perte a été déchirante, mais elle a également renforcé son appréciation pour les moments spéciaux qu'elle avait partagés avec son père. Elle a commencé à organiser régulièrement des dîners en famille pour maintenir les liens avec ses proches, et elle s'efforce désormais de créer des souvenirs précieux avec ses enfants.

Exprimer la gratitude envers les personnes qui soutiennent : Le deuil peut également encourager les personnes à exprimer leur gratitude envers ceux qui les entourent. Les amis, la famille et d'autres personnes de soutien jouent un rôle essentiel pendant cette période difficile, et les personnes en deuil sont souvent motivées à montrer à quel point elles apprécient leur présence et leur soutien.

Exemple : David, un homme en deuil de sa femme, a été profondément touché par le soutien de ses amis et de sa famille. Il a écrit des lettres personnelles à chaque personne qui l'avait aidé à traverser cette épreuve, exprimant sa gratitude pour leur présence et leur soutien inestimable.

Le renforcement de la gratitude dans le deuil n'efface pas la douleur de la perte, mais il apporte une dimension nouvelle à la manière dont nous percevons la vie. Il nous rappelle l'importance de chérir les moments précieux et de remercier ceux qui nous accompagnent dans les moments difficiles. Cette transformation émotionnelle peut enrichir la vie des personnes en deuil en les aidant à trouver du sens dans leur douleur et à cultiver des relations plus profondes et significatives.

3. Quête de sens : La quête de sens est l'un des aspects les plus profonds du processus de deuil. Lorsque nous perdons un être cher, cela peut nous amener à réfléchir profondément à la signification de la vie et à nos propres aspirations. Le deuil peut déclencher une recherche de sens plus profond, et ce processus peut être à la fois puissant et transformateur.

L'exploration de nouveaux objectifs : Après la perte d'un être cher, certaines personnes se sentent inspirées à explorer de nouveaux objectifs ou à poursuivre des rêves qu'elles avaient mis de côté. Cette quête de sens peut être alimentée par le désir de rendre hommage à la personne décédée en vivant une vie significative. Par exemple, quelqu'un pourrait décider de s'impliquer dans une œuvre caritative ou de se lancer dans une nouvelle carrière, inspiré par les valeurs et les enseignements de la personne qu'il a perdue.

Exemple : Sophie a perdu son mari dans une bataille contre le cancer. Après sa disparition, elle a décidé de créer une fondation pour soutenir la recherche sur le cancer. Cette initiative lui a donné un nouveau but dans la vie et lui a permis de trouver un sens dans la douleur de sa perte en contribuant à la lutte contre la maladie qui avait touché son mari.

La réalisation de rêves mis de côté : Le deuil peut également encourager les personnes à poursuivre des rêves qu'elles avaient peut-être mis de côté en raison des obligations familiales, du travail ou d'autres priorités. La perte d'un être cher peut servir de rappel brutal de la brièveté de la vie et inciter à agir pour réaliser ces rêves, qu'il s'agisse de voyages, de créativité artistique, ou d'autres formes d'accomplissement personnel.

Exemple : Alex avait toujours rêvé de devenir écrivain, mais il avait mis cette aspiration de côté pour se concentrer sur sa carrière et sa famille. Après la perte de son père, il a décidé de poursuivre son rêve d'écriture, en hommage à la passion pour les livres qu'il partageait avec son père. Cette décision lui a apporté un sentiment renouvelé de satisfaction et de réalisation personnelle.

La quête de sens est un voyage personnel et profondément intime qui peut aider les personnes en deuil à donner un sens à leur douleur. Elle peut transformer la perte en une source d'inspiration et de motivation pour vivre une vie plus significative. Bien que le deuil soit une expérience difficile et douloureuse, il peut également ouvrir la porte à de nouvelles possibilités et à un développement personnel significatif.

Transformation de la douleur en croissance personnelle :

La transformation de la douleur en croissance personnelle est un aspect remarquable du deuil. Bien que le deuil soit une expérience profondément douloureuse, il peut également être un catalyseur de développement personnel significatif. Voici comment cela peut se produire :

1. Confrontation à la douleur : Le deuil nous confronte à des émotions intenses telles que la tristesse, la colère, la confusion et la désolation. Ces émotions sont souvent difficiles à affronter, mais elles sont essentielles pour le processus de guérison. En faisant face à ces émotions, nous apprenons à mieux les comprendre et à les accepter comme faisant partie intégrante de la vie humaine.

2. Développement de la résilience émotionnelle : La résilience émotionnelle est la capacité à faire face aux adversités, à rebondir après des expériences difficiles et à développer une force intérieure. Le deuil nous pousse à développer cette résilience émotionnelle. À mesure que nous naviguons à travers les vagues de douleur, nous renforçons notre capacité à faire face à l'adversité et à gérer le stress émotionnel.

Exemple : Laura a perdu son fils dans un accident tragique. Au début, elle se sentait totalement dépassée par le chagrin et la douleur. Cependant, au fil du temps, elle a commencé à trouver des moyens de faire face à sa douleur, notamment en rejoignant un groupe de soutien pour les parents en deuil. Cette expérience l'a aidée à développer une résilience émotionnelle remarquable.

3. Croissance personnelle : Le processus de deuil peut souvent être un moment de réflexion profonde sur la vie, nos valeurs, nos relations et nos objectifs. Beaucoup de personnes en deuil se découvrent plus perspicaces sur ce qui est vraiment important pour elles. Cela peut les inspirer à apporter des changements positifs dans leur vie, à poursuivre des objectifs personnels significatifs ou à renforcer leurs relations.

Exemple : Après avoir perdu sa mère, Pierre a commencé à se poser des questions sur sa propre vie. Il a réalisé qu'il avait mis de côté sa passion pour la musique pendant des années pour se consacrer à sa carrière. Le deuil de sa mère l'a encouragé à reprendre la musique et à vivre une vie plus équilibrée.

4. Compassion et empathie : Le deuil peut également nous rendre plus compatissants envers les autres qui souffrent. Ayant vécu notre propre douleur, nous sommes souvent plus enclins à soutenir ceux qui traversent des difficultés similaires. Cette compassion renouvelée peut renforcer nos relations et nous aider à créer des liens plus profonds avec les autres.

Le deuil est un processus complexe qui peut être douloureux, mais il offre également l'opportunité de grandir en tant qu'individu. En affrontant la douleur, en développant une résilience émotionnelle, en recherchant un sens plus profond à la vie et en cultivant la compassion, nous pouvons transformer cette expérience difficile en une source de croissance personnelle et de force intérieure.

En fin de compte, le deuil peut remodeler notre perspective de la vie de manière profonde et complexe. Il peut nous pousser à réévaluer nos priorités, à renforcer notre gratitude, à rechercher un sens plus profond et à trouver la croissance personnelle au sein de la douleur.

En comprenant cet impact, nous pouvons mieux naviguer dans les défis et les opportunités que le deuil peut présenter.

L'aide potentielle que l'on peut apporter aux autres personnes en deuil

La troisième partie du Chapitre 8, intitulée "L'aide potentielle que l'on peut apporter aux autres en deuil", explore comment notre propre expérience de deuil peut nous permettre de soutenir et d'aider les autres qui traversent des moments difficiles. Cela peut être une manière significative de perpétuer l'héritage de la personne décédée et de contribuer positivement à la vie des autres. Voici quelques aspects importants à considérer :

Empathie et compréhension :

L'empathie et la compréhension sont des qualités cruciales pour soutenir ceux qui traversent le deuil. Lorsque nous avons nous-mêmes vécu le deuil, cette expérience personnelle peut nous permettre de développer une empathie profonde envers les autres en deuil. Voici pourquoi ces qualités sont si précieuses dans le contexte du soutien au deuil :

1. Écoute authentique : L'empathie nous permet d'écouter authentiquement les personnes en deuil. Nous pouvons non seulement entendre leurs mots, mais aussi ressentir leurs émotions. Cette écoute attentive est essentielle, car elle permet aux personnes en deuil de s'exprimer librement, de partager leurs pensées et leurs sentiments sans craindre d'être jugées.

2. Validation des émotions : Comprendre la douleur du deuil signifie reconnaître que toutes les émotions, même les plus difficiles, sont valides. Les personnes en deuil peuvent ressentir de la colère, de la tristesse, de la culpabilité, de la confusion et bien d'autres émotions complexes. L'empathie nous permet de valider ces émotions et d'assurer aux personnes en deuil qu'elles ne sont pas seules dans ce qu'elles ressentent.

3. Accompagnement dans le processus de deuil : L'empathie nous aide à accompagner les personnes en deuil à travers leur propre processus de deuil. Chaque deuil est unique, et il n'y a pas de chemin prédéfini pour faire face à la perte. En comprenant les besoins individuels de chaque personne en deuil, nous pouvons les soutenir de manière plus adaptée.

4. Réconfort et apaisement : Lorsque nous sommes soutenus par quelqu'un qui comprend notre douleur, cela peut apporter un réconfort immense. L'empathie peut aider à apaiser la douleur émotionnelle en permettant aux personnes en deuil de se sentir entendues et comprises.

Exemple : Marie, qui a perdu son père il y a deux ans, a été profondément touchée par l'empathie de son amie Laura lorsque Laura a perdu son frère récemment. Laura n'a pas seulement écouté Marie, mais elle a également partagé ses propres expériences de deuil, ce qui a créé un lien plus fort entre elles et a aidé Marie à se sentir moins seule dans sa douleur.

En tant que soutien aux personnes en deuil, il est essentiel de cultiver cette empathie. Cela signifie être présent pour les autres, sans jugement ni attentes, et les accompagner sur leur chemin de deuil, quel qu'il soit. L'empathie permet de créer un espace où les émotions peuvent être exprimées en toute sécurité, ce qui est essentiel pour favoriser la guérison et l'adaptation à la perte d'un être cher.

Partage d'expérience :

Le partage d'expérience dans le contexte du deuil peut être un acte puissant de soutien et de réconfort pour ceux qui traversent cette période difficile. Voici pourquoi cette pratique est si bénéfique et comment elle peut être utilisée pour aider les autres en deuil :

1. Créer une connexion : Lorsque nous partageons notre propre expérience de deuil, nous créons une connexion profonde avec ceux qui sont en deuil. Cela montre aux personnes en deuil qu'elles ne sont pas seules dans leur douleur et que d'autres ont traversé des expériences similaires. Cette connexion peut apporter un sentiment de réconfort et de solidarité.

2. Rassurer sur la survie : Le deuil peut souvent sembler écrasant, et les personnes en deuil peuvent douter de leur capacité à faire face à cette perte. En partageant notre expérience de deuil et en expliquant comment nous avons survécu et continué à vivre malgré la douleur, nous pouvons rassurer les autres en deuil. Cela leur montre qu'il est possible de traverser cette période sombre et de trouver une forme de lumière à l'autre bout du tunnel.

3. Fournir des stratégies et des ressources : En partageant nos propres stratégies pour faire face au deuil, ainsi que des ressources utiles, nous pouvons offrir des outils pratiques aux personnes en deuil. Cela peut inclure des livres, des groupes de soutien, des thérapeutes ou des activités spécifiques qui nous ont aidés à traverser notre propre deuil. Ces informations peuvent être extrêmement précieuses pour ceux qui cherchent des moyens de faire face à leur propre perte.

Exemple : Jean a perdu son fils dans un accident tragique et a eu du mal à faire face à cette perte dévastatrice. Cependant, en rejoignant un groupe de soutien en deuil, il a eu l'opportunité de partager son histoire avec d'autres qui avaient également perdu des êtres chers. Jean a expliqué comment la thérapie individuelle lui avait été bénéfique et comment il avait trouvé un réconfort dans la méditation. Son partage d'expérience a inspiré d'autres membres du groupe à explorer ces approches pour faire face à leur propre deuil.

Il est important de noter que le partage d'expérience doit être fait avec sensibilité et respect pour l'intimité des personnes en deuil. Il ne s'agit pas de minimiser ou de comparer les expériences de deuil, mais plutôt de créer un espace où les histoires et les leçons de vie peuvent être partagées pour soutenir la guérison. Cela peut être une source d'inspiration et de réconfort pour ceux qui cherchent à trouver leur propre chemin à travers le deuil.

Offrir un espace sûr :

La création d'un environnement sûr et bienveillant pour les personnes en deuil est d'une importance cruciale pour les aider à traverser leur période de deuil. Cet espace sûr permet aux personnes en deuil d'exprimer leurs émotions, qu'elles soient complexes, douloureuses ou contradictoires. Voici pourquoi cela est si essentiel et comment nous pouvons le mettre en pratique :

1. L'écoute active : L'écoute active est une compétence essentielle pour les personnes qui souhaitent soutenir efficacement quelqu'un en deuil. Cela signifie écouter attentivement ce que la personne dit, poser des questions ouvertes pour encourager l'expression des émotions et faire preuve d'empathie envers ce qu'elle ressent. Lorsque nous écoutons activement, nous montrons à la personne en deuil que nous sommes présents pour elle et que nous accordons de l'importance à ses sentiments.

2. Le non-jugement : La douleur du deuil peut s'exprimer de nombreuses manières, y compris la colère, la tristesse, la culpabilité ou même la confusion. Il est essentiel de ne pas juger ces émotions. Le non-jugement signifie que nous acceptons les émotions de la personne en deuil sans les critiquer ni les minimiser. Par exemple, si quelqu'un en deuil exprime de la colère, nous ne devrions pas lui dire de se calmer ou de ne pas être en colère. Au lieu de cela, nous devrions lui permettre de ressentir cette émotion et la valider en disant quelque chose comme : "Je comprends que tu ressentes de la colère en ce moment, c'est normal."

3. Créer un espace sécurisé : Un environnement sûr pour le deuil est exempt de jugement, de conseils non sollicités et de pression pour "se remettre". Il s'agit d'un espace où la personne en deuil peut être elle-même, où elle peut pleurer, crier, rire ou se taire, selon ce dont elle a besoin à ce moment précis. Il est important de respecter le rythme de la personne en deuil et de lui permettre de choisir ce qu'elle veut partager.

Exemple : Marie a perdu son mari il y a six mois, et elle se sentait souvent submergée par la tristesse et la solitude. Elle avait du mal à exprimer sa douleur avec sa famille et ses amis parce qu'elle craignait d'être jugée pour sa tristesse persistante. Cependant, lorsqu'elle a commencé à fréquenter un groupe de soutien en deuil, elle a trouvé un environnement où les autres membres l'ont écoutée avec compassion et sans jugement. Cela lui a permis de libérer ses émotions et de faire face à son deuil de manière plus saine.

En fin de compte, en créant un espace sûr pour les personnes en deuil, nous leur offrons le précieux cadeau de la validation et du soutien inconditionnel. Cela peut jouer un rôle essentiel dans leur processus de deuil et dans leur capacité à se reconstruire émotionnellement après la perte d'un être cher.

Encourager la recherche d'aide professionnelle :

Il est essentiel de comprendre que le deuil est une expérience hautement individuelle, et il n'y a pas de calendrier ou de méthode universelle pour faire face à la perte d'un être cher. Parfois, la douleur du deuil peut être tellement accablante que le soutien professionnel est nécessaire pour aider une personne à traverser cette période difficile. En tant que proches ou amis, nous pouvons jouer un rôle essentiel en encourageant ceux qui en ont besoin à rechercher une aide professionnelle, telle que celle offerte par des thérapeutes ou des conseillers.

Voici pourquoi cette étape peut être cruciale dans le processus de deuil et comment nous pouvons l'aborder avec sensibilité :

1. Reconnaître les limites de notre soutien : En tant qu'amis ou membres de la famille, il est important de reconnaître nos limites en matière de soutien. Le deuil peut être extrêmement complexe, et il peut arriver un moment où notre soutien bien intentionné ne suffit plus. Les professionnels de la santé mentale sont formés pour aider les personnes en deuil à faire face à leurs émotions, à élaborer des stratégies pour faire face à la douleur et à naviguer dans les défis spécifiques du deuil.

2. Démystifier la thérapie : Certaines personnes en deuil peuvent hésiter à rechercher une aide professionnelle en raison de la stigmatisation associée à la thérapie. Il est important de démystifier la thérapie et de souligner qu'elle est une ressource précieuse pour faire face à la douleur du deuil. Nous pouvons expliquer que la thérapie n'est pas un signe de faiblesse, mais plutôt un moyen de trouver des réponses, de la guérison et de l'acceptation dans des moments difficiles.

3. Proposer un soutien actif : Lorsque nous suggérons à quelqu'un en deuil de chercher de l'aide professionnelle, il est important d'offrir un soutien actif. Cela signifie que nous pouvons aider à rechercher des thérapeutes qualifiés, à prendre rendez-vous et à accompagner la personne à ses séances si elle le souhaite. Nous pouvons également offrir notre écoute et notre soutien pendant tout le processus.

4. Respecter la décision de la personne en deuil : En fin de compte, la décision de rechercher une aide professionnelle appartient à la personne en deuil. Nous devons respecter son choix, quel qu'il soit, et lui offrir notre soutien inconditionnel.

Exemple : Paul, un ami proche de Marie, a remarqué que son deuil était devenu de plus en plus difficile à gérer. Il a discuté avec elle de l'idée de consulter un thérapeute pour l'aider à faire face à sa douleur. Paul a aidé Marie à trouver un thérapeute qualifié et l'a même accompagnée à sa première séance. Marie a finalement trouvé un espace sûr pour explorer ses émotions et a progressivement commencé à se reconstruire émotionnellement avec l'aide de son thérapeute.

En fin de compte, en encourageant le soutien professionnel lorsque c'est nécessaire, nous montrons notre souci du bien-être de nos proches en deuil et les aidons à accéder aux ressources dont ils ont besoin pour se rétablir. Le deuil est un voyage difficile, mais avec le soutien approprié, il est possible de trouver un chemin vers la guérison.

Dans ce chapitre, nous avons exploré les divers aspects de l'héritage du deuil, qui fait partie intégrante du processus de deuil et de la manière dont nous pouvons avancer après la perte d'un être cher. Ce chapitre est inclus dans la troisième partie de notre livre, "Progresser Après le Deuil", où nous abordons les étapes cruciales pour la guérison et la reconstruction après une perte.

Comment honorer et perpétuer la mémoire de la personne décédée : Nous avons commencé par discuter de la façon dont les rituels, les commémorations et les actes symboliques peuvent aider à honorer la mémoire de la personne décédée. En perpétuant leur souvenir, nous maintenons leur présence dans nos vies et continuons à trouver du réconfort dans les souvenirs partagés.

L'impact du deuil sur la perspective de la vie : Nous avons ensuite examiné comment le deuil peut remodeler notre perspective de la vie. La perte d'un être cher peut nous amener à réévaluer nos priorités, à renforcer notre gratitude pour ce qui reste et à chercher un sens plus profond à l'existence. Le deuil peut également nous transformer, nous permettant de puiser dans notre résilience émotionnelle et de devenir des individus plus forts et plus compatissants.

L'aide potentielle que l'on peut apporter aux autres en deuil : Enfin, nous avons exploré comment notre propre expérience de deuil peut nous permettre d'aider les autres en deuil. L'empathie, le partage d'expérience, la création d'un espace sûr pour exprimer des émotions et l'encouragement à chercher une aide professionnelle sont autant de moyens par lesquels nous pouvons apporter un soutien précieux à ceux qui vivent le deuil.

En résumé, le deuil est un processus complexe qui ne se termine jamais vraiment, mais qui évolue avec le temps. L'héritage du deuil consiste à trouver un équilibre entre honorer le passé tout en embrassant l'avenir. C'est un voyage unique pour chaque individu, mais en comprenant les différentes facettes du deuil et en offrant un soutien approprié, nous pouvons tous progresser vers la guérison et la reconstruction après une perte significative. La partie trois de notre livre, "Progresser Après le Deuil", a pour objectif de fournir des informations et des conseils pour aider ceux qui font face à cette épreuve à avancer vers une vie épanouissante malgré la douleur de la perte.

Conclusion

Dans ce livre, nous avons exploré en profondeur le complexe voyage du deuil, un processus universel mais profondément personnel. Nous avons parcouru ensemble les différentes étapes du deuil, du choc initial à l'acceptation progressive de la perte. Nous avons discuté des émotions intenses qui accompagnent le deuil, des rituels qui aident à honorer la mémoire de nos proches disparus, et des moyens de reconstruire nos vies après une perte significative.

Récapitulation des Points Clés du Livre :

1. La Nature du Deuil : Nous avons exploré ce qu'est le deuil, comment il se manifeste, et pourquoi il est important de le reconnaître comme un processus naturel de réaction à la perte.

2. Les Étapes du Deuil : Nous avons détaillé les différentes étapes du deuil, en insistant sur le fait qu'elles ne se suivent pas toujours de manière linéaire et que chacun vit le deuil à sa manière.

3. Les Émotions du Deuil : Nous avons plongé dans les émotions complexes qui accompagnent le deuil, de la tristesse et de la colère à la confusion et à la culpabilité, et nous avons expliqué comment les gérer.

4. Les Rituels en Deuil : Nous avons souligné l'importance des rituels en deuil pour honorer la mémoire de nos proches disparus et pour nous aider à traverser ce processus.

5. La Reconstruction Après le Deuil : Nous avons exploré comment reconstruire nos vies après une perte significative, en examinant les changements de rôle familiaux, les ajustements professionnels, et les évolutions sociales qui peuvent survenir.

Message d'Espoir et d'Encouragement pour Ceux qui Font Face au Deuil :

Le deuil est une expérience profondément difficile, mais il est important de se rappeler qu'il est possible de s'en remettre. Le temps peut apporter la guérison, même si la perte ne disparaît jamais tout à fait. L'espoir réside dans la capacité de l'être humain à s'adapter et à se reconstruire, à trouver un sens nouveau dans la vie et à embrasser l'avenir malgré la douleur du passé.

Pour ceux qui font face au deuil, sachez que vous n'êtes pas seuls. Il existe de nombreuses ressources et des communautés de soutien prêtes à vous accompagner dans ce voyage. N'hésitez pas à rechercher de l'aide professionnelle si nécessaire, car il n'y a aucune honte à demander du soutien pour traverser cette période difficile.

En conclusion, le deuil est une partie inévitable de la vie, mais avec le temps, la compréhension, le soutien, et l'acceptation, il est possible de trouver la paix et de continuer à avancer. Nous vous souhaitons à tous la force nécessaire pour traverser ce processus et pour trouver la lumière à la fin du tunnel du deuil. Vous n'êtes pas seuls, et il y a de l'espoir pour un avenir où les souvenirs de vos proches disparus continueront à briller dans votre cœur.

www.ingramcontent.com/pod-product-compliance
Lightning Source LLC
Chambersburg PA
CBHW071606270726
48661CB00019B/1568